U0058234

普天之下・盡是好書
普天出版家族
Popular Press Family
凌雲文創
A-Plus Creative Company

千江月 編著

學會放下，才能活在當下

放下負面想法，才是走出困擾的最好方法

文壇大師白先勇曾說：**「命運異於常人時，你只有去面對它，並接受它，若一味逃避、怨憤、自憐，都無法解決你的難題。」**

人生絕大多數的困惱，都來自於偏執和妄想，既不願試著放下，也不願好好活在當下，才會讓自己的生活滿是迷茫、愁苦與怨悔。走出人生泥淖的最好方法，就是「適時轉念」。適時轉念，你的內心就不會有過多煩惱與怨懟；適時轉念，你就能放下負面想法，找到走出困惱的最好方法。

• 出版序 •

學會放下，才能活在當下

聖嚴法師曾說過一段話：「當我們面對人生難題時，必須告訴自己去接受它、面對它、處理它，然後放下它。」

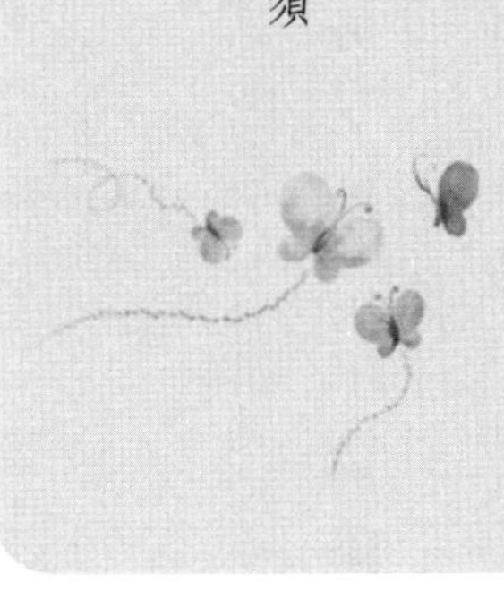

作家泰迪曾經這麼說：「過去一直去，未來一直來，你能把握的只有現在這一個剎那。」

我們經常提醒自己把握現在，但卻在不自覺之中讓自己活在過去和未來，因爲「過去」和「未來」是我們不想面對現實的最佳「避風港」。殊不知，只要學會放下過去和未來，我們就能坦然地面對不敢面對的現實，讓自己確確實實地活在當下。

你的想法，決定了你是否快樂。快樂的人並不是沒有憂愁煩惱，而是他們懂得放下，活在當下，即使遇到憂愁煩惱，仍然能保持快樂的心境。

一位精神科醫生有多年的臨床經驗，退休以後，結合畢生經驗撰寫出一本專門醫治心理疾病的書。

這本書中足足有一千多頁，對各種病情的描述和治療方法都極其詳盡，可說是一本心理疾病方面的百科全書。

一次，這位精神科醫師受邀到一所大學演講，演講會上，他拿出了這一本厚厚的著作說：「這本書有一千多頁，裡面有治療方法三千多種，藥物一千多樣，但概括而言，裡頭所有的內容其實只有四個字。」

說完，他在黑板上寫下了「如果，下次」四個字。

醫生說，造成自己精神消耗和折磨的無非是「如果」這兩個字，「如果我考不上大學」、「如果我沒有放棄她」、「如果我當年能多努力一點」……人們總是想著「如果」，所以痛苦。

醫生接著說，醫治精神疾病的方法有數千種，但最終的辦法只有一種，就是把「如果」改成「下次」。「下次我有機會再去進修」、「下次我不會放棄所愛的人」、「下次我會多努力一點」……把消極的想法變為積極的心態，天下沒有治不好的心理病。

錢鍾書在《圍城》一書中曾提過一個十分有趣的故事。

他說，天下有兩種人，一種人是在一串葡萄到手後挑最好的部分先吃，另一種人則把最好的留在最後吃。但這兩種人都不會覺得快樂，先吃好葡萄的人認為剩下來的葡萄，每一顆都越來越差。另外一種人則認為他現在吃的每一顆都是不好的葡萄中最壞的那一顆。

錢鍾書解釋說，因為第一種人只有回憶，常用以前的東西來衡量現在，所以他們不快樂；第二種人剛好相反，總是用未來的東西衡量現在，所以同樣感到不快樂。

為什麼不這樣想呢？我已經吃到了最好的葡萄，就算接下來的葡萄沒有從前好，又有什麼好後悔的？我留下的葡萄和以前相比，都是最棒的，未來只會比現在更好，為什麼要不開心呢？

人總是用過去、未來，和現在做比較，有了「比較」的心理，人就不會有快樂。因為眼前之物雖好，但還有更好的，人比人的結果只是氣死人。

有了「條件」的拘束，就不會有快樂。因為這個條件實現了，還會有下一個條件，太多的條件正是我們不快樂的原因。

聖嚴法師曾說過一段話：「當我們面對人生難題時，必須告訴自己去接受它、面對它、處理它，然後放下它。」

當我們面對不敢面對的問題，通常都會幫自己找一堆藉口加以逃避，但是逃避根本無法解決問題。

如果你想眞正解決問題，就必須像聖嚴法師所說的，接受它、面對它、處理它，最後放下它，如此，才能眞正活在當下，面對自己人生的每一刻。

很多人之所以覺得自己不幸，往往是因爲心中的偏執作祟，無法放下自己對諸多人、事、物的主觀認知所致。只要懂得放下心中那些纏繞自己的偏見、成見，我們就可以讓自己過以前從來沒擁有過的快樂生活。

懂得放下內心那些偏執的臆想與負面情緒，人才能在艱困的環境中活得快樂，虛無、偏執、逃避現實，只會讓自己陷入更巨大的痛苦和挫折之中！

本書《學會放下，才能活在當下》是作者舊作《學會放下，活在當下全集》的全新修訂版，謹此向讀者說明，感謝您的支持。

PART—1

放下負面想法，積極活在當下

轉念就是轉運，或許我們無法創造命運，但是只要放下負面的想法，積極活在當下，絕對可以創造自己的價值。

用平常心保持心境的年輕／20

放下，是平息怒氣的最好方法／23

用平常心面對眼前的一切／27

你的表情透露了你的心境／31

謀職靠機會，加薪靠智慧／35

放下負面想法，積極活在當下／39

要有「不怕批評」的修養／42

用平常心面對，才能創造機會／46

你相信什麼，就會得到什麼／49

PART—2

你該做的是放下，而不是放棄

如果今天是你最痛苦的一天，那麼明天就一定會比今天更好。放下那些沮喪的念頭，走下去，你才能找到真正的解脫。

動點腦筋，才能點石成金／54

讓自己平凡才算真正成功／57

你該做的是放下，而不是放棄／60

知足常樂就是幸福／64

善用自己的好奇心／67

別被商業促銷牽著鼻子走／70

喚醒自己的潛能，就能改變一生／74

不知足最容易掉入陷阱／78

PART—3

平靜，才能避開情緒的陷阱

凡事還是先退一步，待情緒冷靜下來之後，我們才能找出最好的辦法，圓滿地加以解決。

懂得生活，才是真正富有／84
學會淡忘不開心的事情／88
肯定自己，自然能步步高升／92
與其生氣，不如幫幫自己／96
沒有人會是永遠的失敗者／100
愛的鼓勵使人更賣力／104
平靜，才能避開情緒的陷阱／108
認真領悟生活中的各種啟示／112
給孩子一個最好的開始／118

PART—4

保持平常心，就不會失去信心

當你對自己有足夠的信心，不再患得患失，當你對自己抱持著堅定的意念，能以平常心面對，謠言有何可怕？

保持平常心，就不會失去信心／124

對付謠言的「三不政策」／128

改變心境，就能改變命運／132

不勞而獲，不是真正的收穫／136

「自信」就是最好的化妝品／139

真相總是躲在看不到的地方／143

人生可以平凡，但不可以沒有內涵／147

每個人都是解決問題的高手／150

PART—5

適時讓自己的心境歸零

無論你有多成功或是多失敗，每隔一段時間，請記得把自己「歸零」，回到最初的位置，重新思考自己的人生。

有正確心態，未來才值得期待／154

懂得遺忘，才有新希望／158

適時讓自己的心境歸零／162

追求平衡圓融的人生／166

看重自己，才能贏得尊重／169

懂得道歉才是贏家／173

讓責任心超越私心／177

誘之以利要適可而止／181

有實力，也要有一點運氣／184

PART—6

心中有夢，就要付諸行動

你是否看見了自己手中的夢想種子？那麼，何不現在將這顆種子種下，並且告訴自己：「我要實踐自己的夢想！我要有更積極的作為！」

成功的訣竅就是一步接著一步／188

追求完美，往往徒增懊悔／193

一味貪多，將失去更多／197

心中有夢，就要付諸行動／200

好好享受生活中的每一次磨練／204

把工作當作一種生活享受／209

能自我肯定，才能得到別人認同／213

強硬對抗，不如柔軟退讓／217

PART—7

夢中的樂園沒你想的那麼遠

每一條通往夢中樂園的路都不遙遠，只要我們不再被眼前的阻礙羈絆，勇敢突破，夢想會在不遠處出現。

圓夢不難，就怕意志不堅／222

夢中的樂園沒你想的那麼遠／226

用你的雙手推出生活的希望／230

再努力一步，成功就在前方／234

為自己創造勝利的機會／238

經過磨練，人生才更圓滿／242

坦然面對錯誤，然後重新開始／246

走過困境，才有快樂人生／250

每個人都可以為自己創造奇蹟／255

PART—8

找出癥結，問題才能解決

我們總是貪圖一時方便，眼不見為淨，直到問題越滾越大，到了難以收拾的地步，才認認真真地坐下來「找問題」。

找出癥結，問題才能解決／260

不肯低頭，就會吃足苦頭／263

要對自己多一點信心／266

遵循自然，就能享受美好人生／270

試著把自己當成平常人／273

認清自己是最高智慧的表現／276

敵人讓我們更能奮發向上／280

因果報應自有其機制／283

小心聰明反被聰明誤／286

PART—9

享受生活中的小事就是幸福

其實只要懂得享受生命，幸福生活也可以很簡單。人活著，就必須讓自己真正去體驗生命。

懂得付出，才能活出生命的價值／290

享受生活中的小事就是幸福／295

生命不會是一成不變的／299

信用一出賣，生活只剩債／303

無須在意別人給你打的分數／307

把頭埋起來，不代表問題不在／311

助人，也要審時度勢／315

想有無價回先要有無私付出／319

PART—10

偏執只會造成更多錯誤

凡事要經常換角度觀察，千萬不能老是從「我以為」的方向找答案。一旦心中有了偏執，我們很容易忽略了其他的缺口。

志得意滿的時候最危險／324

要織夢，也要踏實行動／327

偏執只會造成更多錯誤／331

喜歡賣弄，只會惹來嘲弄／335

別讓執著成為悲劇的劊子手／340

認清自己，才能保護自己／344

順勢退讓，才能以柔克剛／348

用不同的視野欣賞生活的樂趣／352

PART—11

下定決心，就能美夢成真

山再高，只要能堅持下去，始終都能攀上頂峰，超越極限；工程再艱困，只要決心突破，終究能排除萬難，成功達陣。

多一點付出，就能多一點滿足／356
先肯定自己，別人才會肯定你／360
下定決心，就能美夢成真／364
不要依賴，要靈活運用腦袋／368
熬過苦難，人生才會更加璀燦／372
想照亮自己，先照亮別人／376
華而不實只會讓自己迷失／379

PART I

放下負面想法，積極活在當下

轉念就是轉運，或許我們無法創造命運，
但是只要放下負面的想法，
積極活在當下，絕對可以創造自己的價值。

用平常心保持心境的年輕

歲月改變了容顏，卻改變不了心境；年齡的增長只是個數字問題，但是心態老化卻是個不得不正視的大問題。

俄國作家契訶夫曾經寫道：「一個人年輕的時候年輕，固然有福，可是把自己的青春保持到進入墳墓為止，那就更加百倍地有福。」

青春讓人充滿朝氣和希望，難怪大多數人都想永保青春。

如果有一種藥，可以使你的身體或心智永遠停留在十八歲，請問你會選擇身體年輕，或是心智年輕呢？

一場美容講座中，談吐不俗、滿臉笑容的美容師，提出這樣一個問題：「請在座的各位猜一下我的年齡！」

年齡，是女人的秘密，也是每個人都相當感興趣的話題，現場的氣氛頓時活躍起來，有的人猜「三十二歲」，有的人猜「二十八歲」，結果，統統被那名女士搖頭否認了。

既然稱爲女士，難道還能比二十八歲更年輕嗎？一陣喧嘩過後，美容師終於宣佈答案了：「現在，我來告訴大家，我只有十八歲零幾個月。」

全場頓時鴉雀無聲，大家都不敢相信自己耳朵聽到的答案。

接著，美容師笑著補充說：「至於這零幾個月是多少，請大家自己去衡量吧！也許是幾個月，也許是幾十個月，或者幾百個月，但是，我的心情永遠只停留在十八歲！」

原來，她採用的是「心情美容法」。

正因爲她能夠永遠保有十八歲的心情，所以她的舉止、聲調、儀態一點兒也顯不出老態。

因爲心情不老，所以她青春永駐。

有句話說：「人可以不服老，但不可以不知老。」

人要知老，要知道自己的身體狀況，不要做一些無謂的逞強。人可以不服老，因爲老化只是生理的問題，你依然可以保持年輕的心情。歲月改變了容顏，卻改變不了心境；活得年輕，是每個人的權利。

年齡的增長只是個數字問題，但心態老化卻是個不得不正視的大問題。當你做什麼事都意興闌珊，提不起勁，生活的步調越來越慢時，那就表示你已經開始老化了。

當你停止學習、停止思考，你就和一個八十歲的老人無異。

年輕的身體也許只能靠藥物飲食來保養，但是年輕的心態卻是自己可以掌握的，如果只能選擇其一，你會選擇身體年輕還是心境年輕？

放下，是平息怒氣的最好方法

當你感到生氣時，不妨問問自己，為什麼生氣？這麼生氣有用嗎？這件事真的值得生氣嗎？仔細想過，然後把它放下。

一項問卷調查顯示，台北有一成半的人每天都會生氣，有六成以上的人每週至少會生氣一次。這種焦躁不安的心情狀態不只影響個人的身心健康，同時也影響了生活品質。

生氣的經驗人人都有，但是你知道怎麼樣才可以不生氣嗎？

有一個婦人經常爲了一些瑣碎的小事生氣。她自己也知道這樣不好，便去請求一位高僧開示，希望能開闊心胸。

婦人向高僧說明來意，高僧聽了，一言不發地把她領到一間禪房，隨即把房門鎖起來，獨留婦人一個人在空無一物的房間。

婦人見狀，著急不已，氣得破口大罵，罵了很久，在外頭的高僧始終充耳不聞。婦人於是開始哀求，高僧仍然置若罔聞，漸漸的，婦人終於沉默了。過了許久，當高僧來到門外，問她：「妳生氣嗎？」

婦人說：「我是在生自己的氣，我幹嘛來這鬼地方受罪！」

「一個連自己都不原諒的人，怎麼可能心如止水呢？」高僧丟下了這句話後，便拂袖而去。

過了好一會兒，高僧又問婦人：「還在生氣嗎？」

「不氣了。」婦人說。

「喔，爲什麼呢？」

「生氣也無濟於事呀，我還不是得困在這個房間裡。」

「妳心裡的氣並未消逝，只是壓抑著，一旦爆發，將會更加劇烈。」說完以後，高僧又離開了。當高僧第三次來到門前，婦人平靜地告訴他：「我不氣了，因爲不值得氣。」

「還會想到生氣究竟值不值得，可見妳心中還有衡量，還有氣根。」高僧微笑著說。

到了傍晚時分，高僧的身影迎著夕陽立在門外，婦人見狀問道：「大師，什麼是氣？」

高僧把禪房的門打開，將手中的茶水傾灑於地。婦人凝視良久，終於明白了：只要懂得放下，就不會生氣。

專家們曾經提出許多平息怒氣的方法，建議人們如何適當發洩怒氣。但是，這些方法眞的有效嗎？

調查結果顯示，六成民衆習慣生悶氣，「避免衝突」是大多數人最常用的生

氣控制法，但是，這種方法也可能會造成「過度壓抑」，一旦累積太多的怒氣，被引爆後的行為往往更加不可收拾。

「不生氣」不代表「沒有情緒」，關鍵在於如何調整自己的心境，適當地轉化這些情緒，使之煙消雲散。

當你感到生氣時，不妨問問自己，為什麼生氣？這麼生氣有用嗎？這件事真的值得生氣嗎？

仔細想過，然後把它放下。學會放下，你就海闊天空了。

用平常心面對眼前的一切

人與生俱來就有一種劣根性，寧可自己選擇也不願受別人指揮。想要別人聽從你的話，冷靜分析情勢比好言相勸來得有用。

世事就是這麼奇妙，最有把握的希望，往往結果總是失望，最少希望的事情，反而出人意外的成功。

因此，如果你想做出一番非凡的事業，切記，千萬不要給自己太多心理壓力，既不要過度樂觀，也不要過度悲觀，而要儘量保持客觀。放下心中的躁動與忐忑，用平常心去面對眼前的一切，自然能找到成功的機會。

一個劫機犯在一架美國班機上持槍控制機長，除了要求一大筆贖金之外，還要求機長飛往歐洲的一個小國。

遭受脅迫的機長只好依照劫機犯的要求轉換航線，沒想到飛行途中，卻因爲燃料不足，迫降在法國巴黎機場。法國一位高階警官了解這架飛機的情形後，要求和劫機犯通話。

他淡淡地告訴劫機犯：「這架飛機上的乘客和機員全都是美國人，坦白告訴你，我們法國警察不會受到太大的壓力。」

接著，他對劫機犯說：「如果我們採取攻擊，會發生幾種情況。一是你被擊斃，一部分乘客或許會受到波及，但是犧牲少數人總比全軍覆沒要好，更何況死的是美國人，對我們法國來說一點影響也沒有。第二種情況，是我們成功逮到你。但是，我先要聲明一點，你現在所在的位置是法國，依照法國的法律，我們對劫機犯的處罰是唯一死刑。」

電話那一頭的劫機犯沉默不語，只聽見沉重的呼吸聲由話筒那端傳過來。警官停頓了一下，很快地接著說：「我只是負責告訴你最壞的情況，你敢劫機就早已預料到了不是嗎？不過，你不用太悲觀，我還有一個很好的選擇可以提供給你。在我身旁，有兩位從美國趕來的警察，目前你尚未造成任何傷害，以美國的法律來說，劫機犯只會被判二到四年的有期徒刑。只要你肯跟他們回去，過了幾年你就可以重新做人，你意下如何？」

法國警官客觀地分析情勢，讓劫機犯清楚地知道目前是警方處於優勢，而他處於劣勢，同時也提供了一個很好的選擇機會給他。

經過一個小時的冷靜思考之後，這名劫機犯終於棄械投降，乖乖跟著美國警察回到美國受審。

人與生俱來就有一種劣根性，寧可自己選擇也不願受別人指揮。因此，不管是人際交往或開創事業，想要別人聽從你的話，就要抱持平常心，冷靜分析情勢

比任何好言相勸都來得有用。

患得患失是成就大事的障礙，這個心理障礙來自不夠冷靜。

英國辭典作家塞繆爾．約翰遜曾經寫道：「成大事不在努力多少，而在於你是否有一顆平常心。」

因爲，只要你能擁有一顆平常心，那麼你就能保持客觀、超然物外，知道自己勝券在握，就不會太在乎成敗得失，如此才能在不患得患失的情況下，做出別人無法做出的非凡事業。

你的表情透露了你的心境

不要怪別人總是「以貌取人」，不妨先靜下心檢討自己都做了什麼、想些什麼，因為，你的思慮和心境就清楚地寫在你的臉上！

從前有位將軍，向林肯總統推薦一個人擔任要職，但是林肯卻不答應，理由是「那個人的長相難看」。

將軍不服氣地反駁說：「人的容貌是天生的，我們怎麼能夠以貌取人，只因爲他的容貌不好看就不用他呢？」

林肯回答說：「一個人過了四十歲，就要爲自己的容貌負責。」

林肯的意思很接近佛家所說的「相由心生」，一個人內在的心境絕對會影響外在的容貌。人的內心險惡，容貌也就會跟著邪惡，「獐頭鼠目」、「賊頭賊腦」的人往往絕非善類，容貌往往會出賣一個人眞實的人格。

有一個雕塑家發現自己的容貌似乎一天比一天醜。

所謂的「醜」不是指膚色、五官，而是表情、神態。他覺得自己看起來越來越「狡詐」、「兇惡」、「古怪」，不管他原本長得多麼俊俏，如今只給人一種可惡可怕的感覺。

怎麼會這樣呢？

他訪遍名醫，均束手無策。不管吃藥也好，整容也好，沒有一個醫生可以醫治一個人的愁眉苦臉、滿臉橫肉、兇惡煞氣。這可以說是人世間的不治之症。

一個偶然的機會下，雕塑家爲了放鬆心情，到一座廟宇參觀。

他把自己的苦衷向廟裡的高僧吐露。高僧看了看他的容貌，微笑地說：「我可以治好你的病，但是，你必須先幫我做一件事，請你幫我雕塑幾尊神態各異的

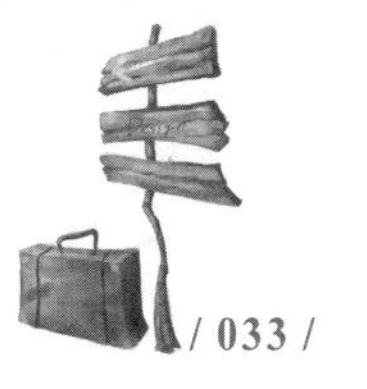

觀音像。」

助人爲快樂之本，雕塑家接受了這個可以讓他發揮本身長才的條件。觀音是仁慈、善良、高潔、寬厚、正義的化身，觀音的容貌有一種無法形容的莊嚴與慈悲。

雕塑家在雕塑的過程中不斷琢磨觀音的德行言表，不斷模擬祂的胸懷和神情，幾乎到達了忘我的程度。

幾個月後，雕刻神像的工作完成了，雕刻家也驚喜地發現，自己的樣貌已不復兇惡，反而變得比從前更加神清氣朗，端正莊嚴，於是感激地跑去向高僧致謝，感謝他用這種神奇的方式治好了自己的怪病。

「不，」高僧說：「不是我治的，是你自己治好的。」

這正是所謂的「相由心生，相隨心滅」。

過去兩年中，雕刻家一直在雕塑夜叉，與夜叉朝夕相對，久而久之，神情容

貌就變得和夜叉如出一轍；如今他面對觀音、心存善念，「變臉」的這個怪病自然就不藥而癒。

《菜根譚》裡有一段話：「吉人無論作用安詳，即夢寐神魂，無非和氣；凶人無論行事狠戾，即聲音笑語，渾是殺機。」

這段話的意思是說，善良之人的言行舉止，自然給人祥和的感覺，即使睡覺，臉上也會帶著和氣；兇惡的人，儀表動作則會給人不安的感覺，即使談笑，笑聲中也會令人感到殺氣。

命由己作，相由心生，一個人過了四十歲，就該爲自己的容貌負責。

不要怪別人總是「以貌取人」，不妨先靜下心檢討自己平時都做了什麼、想些什麼，因爲，你的思慮和心境，就清楚地寫在你的臉上！

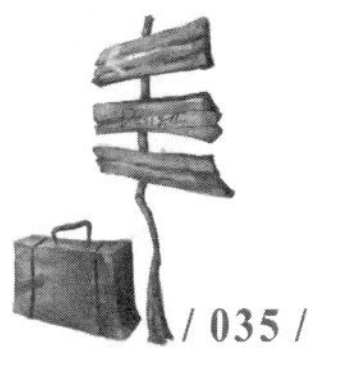

謀職靠機會，加薪靠智慧

薪水待遇也許必須要由別人來訂，但是能夠決定自己身價的，就只有你自己。只要讓自己變得搶手，價格就一定能提高。

加薪可以說是每個受薪階級的夢想，但是除了平日努力表現外，還有什麼可以使自己加薪的撇步？

政壇有句話說：「上台靠機會，下台靠智慧。」職場上的情況也是如此：「謀職靠機會，加薪靠智慧。」

工作領域中，能不能遇上伯樂，靠的或許是「機會」，然而之後的造化，可全憑自己的「智慧」了！

有一個籃球隊的球員，在所屬的球隊贏了幾季球賽之後，便從沒沒無名的小球員晉級到衆所皆知的明星。

要不是他，球隊能有今天的榮耀嗎？

這名球員認爲球隊應該對自己論功行賞了，便去找經理商談加薪的事，但是經理卻總是一味推託，一會兒說：「喔！改天再說吧！」一會兒又說：「看看你下一季的表現再說！」使得球員的心裡十分不是滋味。

他雖然一肚子悶氣，但是又不便發作，因爲當初和球隊簽署的合約上，白紙黑字寫明了球員在一定時間之內，如果沒有經過球隊的同意，不得跳槽到其他球隊打球。

球隊就是看準了球員不能跳槽，就算不加薪，還是必須替自己打拚，因此有恃無恐，對球員提出的要求根本不以爲意。

但是，這名球員也不是省油的燈，左思右想，不斷思考著：究竟要用什麼辦

法才能讓自己脫離這個不合理的條約束縛，達到加薪的目的呢？

球員利用空閒時間四處打聽詢問，仔細觀察體壇的情勢，發現有一支小球隊正以後起之秀的姿態，在球壇上異軍突起，而自己的東家也如臨大敵，十分看好這個球隊的潛力。

於是，球員心生一計，故意告訴記者們：「我對那個小球隊非常有興趣，希望能當他們球員的教練。我想，以我豐富的實戰經驗，必定可以傳授他們一些比賽的秘訣。」

條約裡雖然註明不能到其他球隊打球，可沒規定不能夠到別的球隊當教練！

這個消息很快地就披露在報紙上，小球隊的經理接獲訊息後非常高興，立即和這名球員接觸。

這下子，球員的老東家大爲緊張，面對敵人來勢洶洶、不懷好意的挖角，再加上球員一副自信滿滿、胸有成竹的樣子，經理只好依照球員的要求調整待遇。

作家肯尼斯．古地曾說：「如果你能從別人的角度多想想，你就不難找到妥善處理問題的方法。」

這位球員的聰明表現，無疑是爭取加薪時的最佳示範。薪水待遇也許必須要由別人來訂，但是能夠決定自己身價的，就只有你自己。一件東西只要搶手，價格就一定能提高。我們也許不能評定自己的價格，但是可以使自己變得搶手。

因此，要求提高待遇的時候，不要說：「我認為自己應該值更高的價碼」，而要說：「某某人覺得我不錯，認為我值更高的價碼。」

無法令人輕信的事情，若牽扯到第三個人頭上，會使原本不相信的人，極有可能信以為真。

想要借力使力，你只需找到一條適當的河流，然後順水推舟就對了。

當然，前提是：你必須表現得比別人出色。

放下負面想法，積極活在當下

轉念就是轉運，或許我們無法創造命運，但是只要放下負面的想法，積極活在當下，絕對可以創造自己的價值。

不論古代、近代或東方、西方，絕大多數哲學家們都相信一個道理：性格決定命運。人的命運不同，往往是因爲性格不同，性格不同，看待事情的角度也就不同。

人生不如意的事情十之八九，你想要往上看還是往下看，想要從正面看還是反面看，角度不同，結果自然就不同。運氣好不好，那得看你站在哪個角度來看，不是嗎？

兩個台灣觀光團到日本著名的溫泉勝地伊豆半島旅遊，當地的路況很壞，到處都是凹凸不平的坑洞。

其中一位導遊向遊客們連聲抱歉，說路面簡直像麻子一樣。

另外一個導遊卻笑容滿面地對遊客解釋說：「各位先生女士，我們現在經過的這條道路，正是伊豆赫赫有名的酒窩大道。」

面對同樣的坑洞，一個說是麻子，一個說是酒窩，如果你是遊客，哪一種說法會令你比較愉快？

還有另一則故事，小學三年級的學生在作文裡寫下自己將來的志願，大家不約而同地立志要成就一番志業，其中卻有一個學生的志向是要當個在衆人面前表演的小丑。

一位老師看了，在評語欄中毫不留情地寫下：「胸無大志，孺子不可教也！」這幾個紅字。

另一位老師則寫下：「願你把歡笑帶給全世界！」

如果你是學生，你認爲哪一種說法對你比較有幫助？

梭羅曾說：「這世界並沒有錯，錯的是我們看待它的方式。」

尼采也說：「沒有真正的事實，只有詮釋的角度。」

每一件事情都有不同的面向，你選擇從不同的一面來看，得出來的結果也就大大不同。麻煩是自找的，煩惱也是自找的，何不讓自己正面一點？

凱撒有句名言更是說得好，他說：「你要出類拔萃，誰也阻擋不了你！你如果先對自己懷疑，那麼相信命運又有什麼用？」

人生不是宿命的流轉，命運也許無法選擇，但是我們可以選擇從有利的角度，去解讀自己的命運。

轉念就是轉運，或許我們無法創造命運，但是只要放下負面的想法，積極活在當下，絕對可以創造自己的價值。

要有「不怕批評」的修養

別人注意到你，不管他說的是好話還是壞話，都應該感謝他的注意，生氣、埋怨只是突顯你對自己信心不足。

古羅馬思想家愛比克泰德曾經在他的著作裡寫道：「如果你聽到有人在說你的壞話，不必急於辯白，而應該說：他顯然不十分了解我，否則他就會提到我許多其他的缺點。」

如果有人指著你的鼻子罵，你可以保持微笑三分鐘嗎？

如果有人打你的左臉，你會再轉過右臉來給他打嗎？

做得到的話，你已經超凡入聖；做不到，代表你仍然是個凡夫俗子，而凡夫俗子在這世上的目的，就是不斷的修練，使自己超凡入聖。

有一次，賣水果的小販遇到了一位難纏的客人。

「這些水果看起來這麼爛，一斤還要五十塊嗎？」客人一面批評，一面拿著一個水果左看右看。

「我這水果不錯，不然你去別家比較比較。」小販不厭其煩地解釋。

客人說：「依我看，這一斤只值四十元，高過四十元，我就不買了。」

小販依舊微笑地說：「先生，如果我一斤賣你四十元，對剛剛向我買的客人不是很不公平嗎？做生意講求誠信，我怎麼可以這麼做呢？」

「可是，你的水果這麼爛！」客人毫不留情地說。

「不會的，如果是非常完美的，可能一斤要賣一百元呢！」不管客人的態度如何，小販始終面帶微笑，而且對每個客人都笑得同樣親切。

客人雖然嫌東嫌西，最後還是以一斤五十元的價格買了。

一旁的其他人都非常看不慣那名客人囂張跋扈的態度，等到那位客人走了，便你一句我一句，紛紛替小販抱不平：「水果本來就難免有些坑坑疤疤的，想要找到完美無缺的水果，用畫的還比較快！」

「老闆的水果品質好，價格又公道，他還這麼挑三揀四的不識貨，下次不如請他到別家去買好了！」

「這種喜歡挑剔的人哪！不管你怎麼做，他都不會滿意的，只能算老闆比較倒楣吧！」

小販聽了其他客人的打抱不平，並沒有多加附和，只是笑笑地告訴大家：「嫌貨才是買貨人呀。」

有些人購物的時候喜歡嫌東嫌西，最終目的無非是想買得便宜。殺價有時候是一種消費樂趣，但是買賣不成仁義在，要是說話尖酸刻薄，那就顯得太沒格調了。

相對的，身爲店家，應該試著瞭解消費者的挑剔心理，從他們的觀點看待事情，如此既可以減少不必要的摩擦，更能增加自己的生意。

「嫌貨才是買貨人」，意思是說，只有那些會嫌貨品不好的人，才是眞正內行的，也才是眞正對你貨品有興趣的人。

如果對方根本沒有買的誠意或興趣，大可掉頭就走，又怎麼會浪費時間在那裡和你討價還價呢？

如果對自己的貨品有信心，就不怕人嫌，內行人縱然雞蛋裡挑骨頭，但也一定會知道這顆蛋的價値。

無論是做生意或是做人，都必須有「不怕批評」的修養。

別人注意到你，不管他說的是好話還是壞話，都應該感謝他的注意，銘謝賜教才對。因爲別人的批評而生氣、埋怨，只是突顯你對自己信心不足，反而更證明對方的批評有理。

用平常心面對，才能創造機會

只有保持平常心，才能用智慧創造機會，才能清除思路的障礙，走出籠罩在我們心頭的迷霧。

蘇格拉底曾說：「雖然是用金杯盛裝，毒藥始終是毒藥。」

「假慈悲」比「真殘忍」更殘忍，「話中有話」的人也比「狗嘴吐不出象牙」的人更不可信。當別人把用金杯子裝的毒藥端到你面前，一旦喝了，你必死無疑；不喝，又沒法全身而退，這個時候，喝還是不喝？

別緊張，只要你放下心中的恐慌和焦躁，試著用理智面對，就能不慌不忙找出逃生的機會！

古希臘哲學家經常以寓言故事說明思考上的矛盾，以下就是其中之一。

有一天，一條鱷魚撲出水面，一口咬住了一個小孩子，孩子的媽媽見狀，嚇得不知所措，只有哭著懇求鱷魚大發慈悲，放她孩子一馬。

鱷魚自恃聰敏，心高氣傲地說：「妳猜猜看，我會吃了妳的寶寶嗎？如果妳猜對了，我就放了他。」

這個問題本來就是個羅生門，答案在鱷魚心中，只有牠自己知道，無論婦人怎麼回答都不可能猜對。

婦人思考了一會兒，冷靜地說：「照我看，你想吃掉我的孩子！」

這句話正中鱷魚的下懷，牠興高采烈地說：「那麼，如果我把孩子還給妳，就表示妳說錯了，所以我可以吃掉妳的孩子。」

孩子的媽媽接著說：「不！不是這樣的。如果你想吃掉我的孩子，就表示我說對了，你應該信守諾言將孩子還給我。」

咦，這番話聽起來蠻有道理的！被搞得糊裡糊塗的鱷魚願賭服輸，只好信守諾言，鬆開了嘴巴。

婦人立刻抱起孩子飛也似地跑走了。

有些時候，無論你怎麼說都不是，怎麼做都不對，倒不如學學松鼠拋栗子的精神，把這個燙手山芋丟還給對方，這就是邏輯。

心理學家說：「當一個人的思路受到阻礙時，就失去了邏輯。要想以不變應萬變，就要先跳出習慣上的桎梏，避開思路上的陷阱，逃離認知上的迷霧，擺脫性情上的執著。」

只有保持平常心，才能用智慧創造機會，才能清除思路的障礙，走出籠罩在我們心頭的迷霧。想要有清晰的邏輯，就要保持冷靜，脫離一切人爲的佈局，貫徹三不政策：不慌張、不迷惘、不上當！

你相信什麼，就會得到什麼

從今天起，不要再說「我想成功」，而要告訴自己「我一定會成功」，沒有什麼比這個方法更可以使你成功了！

你相信什麼，你就會得到什麼。

成功的人目不轉睛地注意著他們想得到的東西，失敗的人一心一意注意著他們不想得到的東西，結果，他們都得到了！

想要成功，你就必須往好的方面想，不斷暗示自己：「我一定會成功。」

美國有一位心理學家曾經做過一個心理實驗。

有一天，教授帶了一位學者來到課堂上，告訴學生們說：「這位是德國著名的化學家，他正在研究一種新的化學物質。這種化學物質揮發之後，會使人產生暈眩的感覺，但是對人體並不會造成什麼副作用。今天我邀請他來到課堂上，就是希望他可以當面實驗給你們看看，好讓你們開開眼界。」

接著，那位化學家由袋子中取出一瓶液體，打開瓶蓋後拿到每位學生的鼻子前晃了一下，並且用德文對學生們講了幾句話，教授翻譯道：「覺得頭暈的同學請舉手。」

幾乎一半以上的學生都舉起手來。這時，教授面帶微笑地說：「同學們，我們剛才所做的是一項實驗，不過不是化學實驗，而是心理實驗。這位先生是本校德語系的助教，並不是德國著名的化學家，那瓶化學物質只不過是一瓶蒸餾水而已。至於各位的頭，現在應該不暈了吧！」

古時候，曹操的部隊在行軍路上，由於天氣炎熱，士兵們都口乾舌燥，行軍速度日益緩慢。曹操見到這種情景，大聲對士兵說：「前面有梅林。」

士兵聽了立刻精神大振，並且口生唾液。

曹操巧妙地運用「望梅止渴」的心理暗示來鼓舞士氣，可見心理可以影響生理，甚至可以影響人的一生。

醫學界提出了「自我暗示止痛法」，只要病人告訴自己不痛，就眞的能使疼痛減輕。許多老師也對考生們建議「考前自我暗示法」，告訴自己「我一定會考得很好」，結果學生們的成績眞的比平時的水準高出許多。

你相信什麼，你就會得到什麼。

從今天起，不要再說「我想成功」，而要告訴自己「我一定會成功」，沒有什麼比這個方法更可以使你成功了！

PART 2

你該做的是放下，而不是放棄

如果今天是你最痛苦的一天，
那麼明天就一定會比今天更好。
放下那些沮喪的念頭，
走下去，你才能找到真正的解脫。

動點腦筋，才能點石成金

真正的智慧不是口號，而是臨危不亂的處世態度，當你用腦做事，用心做人，還有什麼東西可以阻撓你成功呢？

薩提曾提醒世人說：「有智慧而不將其灌注於生活中的人，就有如一個只耕田而不播種的農夫。」

智慧是人生最好的調味料，從容不迫地運用智慧，你的生活可以變得更多彩多姿，你的成功滋味也會變得更甘美。

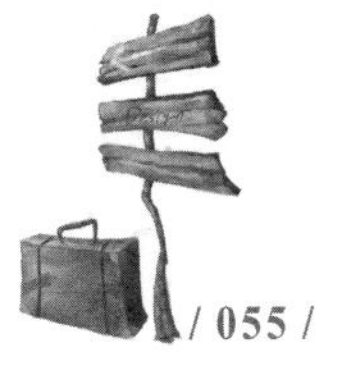

蘇富比有名的拍賣師卡塞爾原本是一個名不見經傳的小人物，家徒四壁，捉襟見肘，生活十分窘困。

有一次，拍賣行受好萊塢的委託，爲越戰中的將士舉行一次募捐晚會。只是，當時美國國內民衆反戰聲浪強烈，不停要求政府中止越南的戰事，在這個時候進行募捐只會受人唾罵，非常不合時宜。不僅沒有人願意擔任這次募捐晚會的拍賣師，也幾乎沒有商人願意來蹚這灘渾水。

最後，卡塞爾表示願意一試。當天晚上，參與拍賣會的人寥寥可數，氣氛很沉悶，當卡塞爾走上拍賣台，台上竟然沒有一件等著被拍賣的商品。

面對這種尷尬的場面，卡塞爾一點也不沮喪，不慌不忙地說：「誰是今天晚會上最漂亮的女主角？」

衆人不約而同把目光轉向了一位女明星，卡塞爾接著說：「那麼，我們今天就來拍賣她的吻。」

募款結果，有人出一美元得到了這個吻。好萊塢於是就把這個唯一的一美元寄到越南前線，當時許多美國報紙都對這項奇聞進行了報導。

卡塞爾由此成名，成名之後，有一次，他應邀到一所大學演講，一位大學生向他提問：「你可以在十秒鐘以內，告訴我你成功的秘訣嗎？」

大學生的話剛說完，卡塞爾隨即接著說：「在生意場上，無論買賣的大小，出賣的都是智慧。」

這句話說得太好了！台下立刻掌聲如雷。

現實生活中，能夠點石成金的不是魔法棒，而是人類的智慧。斯伯仲曾說：「知識並不就是智慧，許多人知道很多事物，卻使自己成為更愚蠢的人。只有知道怎麼去運用知識的人才能稱為智者。」

智慧如錢財，存著的不一定是你的，只有花掉的才是你的。

聰明的人很多，知道怎麼表現聰明的卻沒有那麼多。因爲，眞正的智慧不是口號，而是臨危不亂的處世態度，當你用腦做事，用心做人，還有什麼東西可以阻撓你成功呢？

讓自己平凡才算真正成功

一個真正成功的人獲得成功之後，他的生活和原來並沒有什麼不同，有的只是更多的責任和自我期許。

關於人生，英國劇作家巴利曾經這麼說：「人生就像一杯茶，若要一飲而盡，只會提早見底。」

的確，當你擁有的是一杯眞正的好茶，你不會捨得一口氣喝光它，而會細細地慢慢地品嘗，眞正的成功人生也是如此。

J．D．塞林格是美國當代最負盛名的小說家，他所著的《麥田捕手》被譽爲是美國文學的「現代經典」，銷售量已超過千萬冊。

如果是別人享有他這般成就，或許從此華衣美食、名車美妾，極盡張揚，然而，塞林格卻是完全相反的作風。

賺了大筆錢之後，塞林格退隱新罕布什爾州的鄉間，在靠河邊的山上買了九十多英畝土地，並在山頂建築一座小屋。周圍種上許多樹木，屋子外面建造一層六英尺半高的鐵絲網，網上還裝有警報器。

每天上午八點半，塞林格準時帶了便當入內寫作，直到下午五點半才出來，過著像公務員般朝九晚五的生活，家裡任何人都不准打擾他，如果有要事，也只能透過電話與他聯繫。

平時，他深居簡出，偶爾會去小鎮購買書刊，萬一有人認出他來，他便馬上拔腿就跑。

塞林格不喜歡過多的社交，有人想要登門造訪，必須先遞上名片或便條；來訪者若是生客，就拒之門外。有人批評塞林格耍大牌、裝清高，但是見識過他的

日常生活之後，這些人都說不出話來了。

不管別人怎麼說，塞林格根本不會在乎。他生性儉樸，不喜歡製造新聞，成名後，只答應過一個記者採訪，那是一個十六歲的中學生，爲了給校刊寫稿特地去拜訪他的。

法國道學家布留伊艾爾曾經說：「我們越接近偉人，越明白他是一個平凡的人。對於他身邊的人來說，偉人很少看起來是不凡的。」

追求成功，不等同於追求享受；成功只是過程，不是結果。

一個眞正成功的人獲得成功之後，生活和原來並沒有什麼不同，有的只是更多的責任和自我期許。

追求成功的人，終有一天會成功，但是追求享受的人，即使成功了，也很快就會失敗。

你要的是成功，還是成功之後的享受？

你該做的是放下，而不是放棄

如果今天是你最痛苦的一天，那麼明天就一定會比今天更好。放下那些沮喪的念頭，走下去，你才能找到真正的解脫。

莎士比亞在《哈姆雷特》裡寫道：「如果人們不對悲傷屈服，過度的悲傷不久就會自己告終的。」

當你感到痛苦的時候，要把它視爲人生的最低點，只要鼓勵自己熬過去，明天的人生就會是另一番風景。

如果你認爲快樂短暫，一閃即逝，那麼請你相信，痛苦也是同樣短暫。你該做的是放下，而不是放棄。

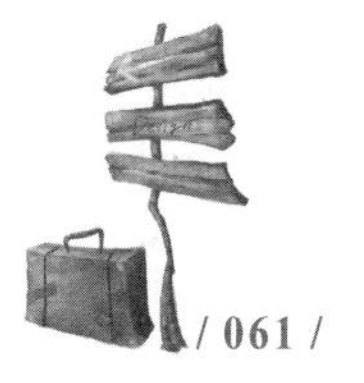

一個就讀中學的女孩，因爲承受不了升學壓力，想要跳樓自殺。她爬上十多層樓的頂樓平台，哭泣著徘徊在平台邊上，最終狠下心來跨坐在矮牆之上。她的一隻腿懸掛在牆外，只要稍不平衡，隨時都會從頂樓摔下來。

路上的行人抬頭發現了她，不由得驚恐地尖叫。許多人都跑過來聚集在人行道上，這時，一位好心的路人趕緊拿起手機報警。

女孩的臉色十分蒼白，兩眼空洞地望著地面，強風吹亂了她的頭髮，似乎硬要將她的身子扯下。

坐在頂樓的她，隱隱約約聽到警車尖銳的鳴笛聲，但她不聞不問，視若無睹，已經什麼都不在乎。

一陣混亂的腳步聲逐漸逼近，幾位警員由電梯間衝了出來。女孩回過頭來大吼：「不要過來，再過來我就跳下去！」

其中一位警察止住同事們的腳步，自己低著頭慢慢靠近女孩。

這位警察平靜地說：「幾天前我也曾經和妳一樣，跨坐在另一棟建築物的平台上，想要跳下去。」

警察一邊說一邊慢慢地往矮牆移動，走到離女孩有一小段距離的牆邊，警察也模仿女孩的姿勢，一腳跨坐在矮牆上。

「妳可能不會相信，我也想死。」警察越說越激動：「我的老婆受不了跟著警察過擔心受怕的日子，所以帶著孩子跑了，還拿走了我所有的財產。上個禮拜，人事命令頒佈下來，升遷又沒有我的份，我幹了十幾年警察都還是最基層的員警。活著眞沒意思！」

警察的語氣十分沮喪，令女孩停止哭泣，靜靜聽著他發牢騷。

「現在是我人生中最悲慘的時候，我眞的是不想活下去了。」警察掩面嚎啕大哭，不能自已。

女孩安慰他說：「你先別哭，既然現在是你人生最悲慘的時候，那麼以後就不可能更糟了！」

警察想了想，擦了擦眼睛說：「那麼妳呢？既然難過到想自殺，現在一定也

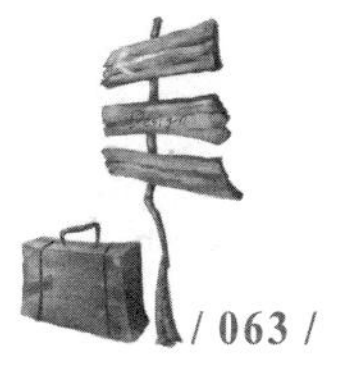

是妳一生中最悲慘時吧！熬過了這段時期，以後也不會更糟了！」

女孩聽了，低頭想了一會兒，慢慢地將腿由牆外收了回來。

拿破崙曾說：「忍受痛苦要比接受死亡需要更大的勇氣。」

死亡有什麼難？但是一旦死了，卻會造成親人永遠的痛苦，把自己的解脫建築在別人的痛苦上，你認爲對嗎？

每個人的生命中都會可能遇到低潮，如果你選擇在這個時候結束，那麼你就得一直停留在這個低潮當中。

只有一直走下去，才會有不同的結局。想想看，還有更多比你更悲慘的人，他們都活下來了，你又有什麼資格去死呢？

如果今天是你最痛苦的一天，那麼，明天就一定會比今天更好。放下那些沮喪的念頭，走下去，你才能找到眞正的解脫。

知足常樂就是幸福

幸福，就是珍惜此時此刻，不去強求那些遙不可及的事物。
幸福不是生存的形式，而是生活的方式。

如果說，幸福就是眼前的一碗水，你相信嗎？

安貧，才可以樂道；知足，才可以常樂。若是學會知足，懂得珍惜所擁有的一點一滴，那麼，也許一碗水就能讓人感到幸福。

反過來說，如果你的內心充滿貪念和奢求，那麼，就算擁有了全世界，幸福也會離你越來越遠。

想要獲得內心的寧靜，在自己專精的領域有一番作爲，就要懂得「不戚戚於

貧賤，不汲汲於富貴」。

很久很久以前，一個富人和一個窮人談論著什麼是幸福。

窮人說：「幸福就是此刻。」

富人望了望窮人所住的茅舍，家徒四壁幾乎頂不住風雨，又看了看窮人身上破舊的衣裳，捉襟見肘，質地粗糙到不行，不禁輕蔑地說：「這怎麼能叫幸福呢？你看看我，百間豪宅、千名奴僕，這才叫做幸福啊。」

誰知，有一天，一場突如其來的熊熊大火，把富人的百間豪宅燒得片瓦不留，奴僕們競相逃命各奔東西。一夕之間，富人失去了全數家產，身邊空無一物，不幸淪爲乞丐。

夏日炎炎，汗流浹背的乞丐路過窮人的茅舍，想討一口水喝。

窮人端來一大碗清涼的水，微笑著說：「現在，你認爲什麼是幸福？」

乞丐一臉飢渴，眼巴巴地說：「是啊！你說得沒錯，幸福就是此刻，就是你

手中的這碗水。」

幸福是什麼？幸福就是「知足常樂」。

「錢，沒有賺夠的一天；名，沒有滿足的一刻。」這些都是出自於人們不懂得惜福的心理。

有權有財就會幸福嗎？事實上並不是如此，當年秦始皇統一天下，天下錢財都歸他所有，天下臣民都由他指揮，但是他依然不覺得幸福。他眞正想得到的是「長生不老」，卻因爲得不到而渴求了一輩子，愁苦了一輩子。

晉代著名的田園詩人陶淵明不爲五斗米折腰，即使在非常困苦的環境下，依然生活得「晏如也」！

幸福，就是珍惜此時此刻，不去強求那些遙不可及的事物。

幸福不是生存的形式，而是生活的方式。

善用自己的好奇心

人們對未知的事物總是有莫名的嚮往，善於利用這一點，
你可以在最短的時間內吸引到最多的注意。

猜謎遊戲之所以歷久不衰的原因，是因爲凡是人皆有好奇心和挑戰慾。

相同的想要吸引一個人的注意，與其給他一個答案，不如給他一個題目。絞盡腦汁才得出的結果，總是比不勞而獲的事物更令人珍惜。

香港商人曾在報紙上使用一種另類的行銷手法。

一天，一位香港居民翻開某份報紙，竟然看到報紙中央有一個版面全是空白的。他以爲是報社出了什麼差錯，可是仔細瞧一瞧，在這空白版面的正中央居然有一個小紅點，底下還寫著三個字母「HRC」。

很多讀者也都看到了這個空白版面，起初覺得有些莫名其妙，後來又覺得非常新鮮有趣，潛意識裡都十分期待第二天的報紙會出現什麼東西。

沒想到，第二天翻開報紙，依然還是空白的。到了第三天、第四天……也都還是同樣的狀況。

開始有讀者忍不住了，紛紛打電話給報社編輯：「你們到底在搞什麼鬼？」

當所有人的注意力都提高到最高峰時，忽然有一天，這個版面出現了大家想知道的答案。

原來，這一塊空白版面是新上市手錶HRC的廣告，那個紅點，正是手錶中的紅色日曆。

雖然大家都知道這是廣告手法，可是因爲好奇心累積了好幾天，好不容易終於眞相大白，當然得多看兩眼。

隨後而來的第二波、第三波廣告就像水庫洩洪，又大又猛，洪水激流而下，很快就沖擊了每個人的意識。

就這樣，HRC手錶在很短的時間之內，從沒沒無聞一躍成爲香港人家喻戶曉的名錶。

因爲有好奇心，所以有求知欲，有想像力，有探索研究的精神；因爲有好奇心，所以才有進步，才有各式各樣的發明。

好奇心可以使人了解、開悟，但過分的好奇心也會導致害人害己、誤入歧途。人們對未知的事物總是有莫名的嚮往，善於利用這一點，你可以在最短的時間內吸引到最多的注意。

但事情發生在自己身上時，別忘了，好奇心足以害死一隻貓，產生好奇的同時，不妨仔細觀察，對方究竟是要吊你的胃口，還是引大魚上鉤？在問題之後，是答案，還是下一個問題？

別被商業促銷牽著鼻子走

景氣越低迷，消費者應該越聰明。購物是一種長遠的成就，而不是幾分鐘的快樂加上激情過後的悔恨。

你是個公認的購物狂嗎？你的消費慾望永遠沒有止盡嗎？你的荷包是否總是開了一個洞？

人們常常因爲一時衝動，花大筆銀子買下許多必要或不必要的東西，可是，你知不知道這「一時衝動」是商人們如何爲你營造出來的呢？

年關將近，一家大型百貨公司為了提升業績，召集各部門的負責人，要求每個部門都一定要達到年度的業績目標。

只是，今年的景氣實在是低迷，加上同行的商家又削價競爭，每位主管都愁眉不展，為自己今年的業績提心吊膽。

眼看著距離年底只剩幾天了，除非這幾天的營業額突然暴增，否則根本不可能達成目標。

「消費者就是喜歡新奇的東西，我看不製造一點噱頭，是衝不到目標業績的！」一位主管提出意見和大家商量。

於是，大夥兒就聚在一起開始動腦筋，希望找到一個好點子來衝刺業績。

第二天，百貨公司突然在每天客人數最多時，播出這麼一段廣播：「各位來賓請注意，現在是八點零一分，八點零二分，八點零三分……」

正在裡面東看看西逛逛的客人們都不自覺地被廣播吸引了，豎起耳朵，仔細聆聽之後還有什麼下文。

門口徘徊的民眾聽到這麼一段奇異的廣播，也紛紛進到百貨公司來一探究竟。

「各位來賓請注意！」播音員忽然以非常高昂激動的語氣喊道：「現在開始的十五分鐘，是最佳購物時間！」

一時之間，所有客人全都擠成一團，爭先恐後地搶購自己事先看好的物品。由於這種激動情緒的感染，讓原本只想買一樣物品的客人爲了撿便宜，一口氣多買了好幾樣，百貨公司的營業額一下子提升了！

原來，這就是主管們想出的促銷辦法：「只要在百貨公司的任何時間裡，聽到廣播說『現在是最佳購物時間』，那麼客人在十五分鐘之內所結的帳，一律八折優惠，逾時不候。」

這一招出來，這家百貨公司簡直就是門庭若市，無時無刻都有許多客人在裡面徘徊，等候「最佳購物時間」。

一傳十、十傳百，人潮吸引了更多人潮，業者的荷包自然是滿、滿、滿啦！

心理學家說：「只要在短暫時間之內逼人做出決定，大多數人都會做出不理

智的決定。」

「此時不動，更待何時！」在時間的限制下，往往容易激發人們「不顧一切」的衝動，家家戶戶堆在牆角的「戰利品」就是這麼來的！

如果你是消費者，想要遏止自己的購買慾，唯一的方法就是「先三思而後行」。消費前先檢視商家舌燦蓮花的鼓吹，虛華不實的推銷，低價促銷的誘惑，冷靜思考問題的核心：自己真的需要這些東西嗎？

景氣越低迷，消費者應該越聰明。

購物應該是一種長遠的成就，而不是幾分鐘的快樂加上激情過後的悔恨。

喚醒自己的潛能，就能改變一生

意識就是這麼奇妙的東西，起源於一個微小的動作、話語、鼓勵，然後它就會發揮強大的力量，改變你的一生。

只要明白自己是什麼樣的人，追求的又是什麼目標，人就能活在當下，面對生命中所發生的一切，提昇自己觀看事物的境界。

人與人之間的不和諧，往往都來自於認知的差距，同樣的，人對自己能力的誤解，也都來自於認知上的落差。

從前有個書生，屢試不第，後來又適逢科舉，想要前往應試。出發之前的那個晚上，書生連做了三個怪夢，醒來以後非常疑惑，不知道這些夢究竟預言了什麼，於是特地前去找擅長解夢的岳母點撥。

到了岳母家裡，正逢岳母外出，小姨子知道書生的來意，十分熱忱地接待：「雖然我媽不在，但是小妹我也會解夢，姐夫但說無妨。我一直跟著母親學習，就算沒有十成的功力，少說也有八、九成，有時候母親做了怪夢，還是我替她解的呢！」

書生猶豫片刻，緩緩地說：「我第一個夢，是夢見我家的牆頭上孤零零地長了一棵草。」

小姨子說：「這個夢是說你沒有根基。」

書生接著說：「第二個夢，是夢見我頭戴著斗笠，但是手還撐著傘。」

小姨子又說：「這是說你多此一舉。」

書生聽了很掃興，說話更加猶豫了。

小姨子問：「你的第三個夢呢？」

書生說：「第三個夢，恐怕有所冒犯，還是不說了。」

小姨子說道：「我們是一家人，有什麼冒不冒犯的，你還是說吧！」

書生支支吾吾說：「第三個夢是夢見……我和妳背靠背地睡在床上。」

小姨子聽了，瞪了書生一眼，冷冷地說：「那是說你這輩子休想！」

書生十分懊惱，看來今生功名無望，垂頭喪氣地走回家去了。

半路上，書生巧遇岳母，於是又告訴了岳母自己做的那三個夢。沒想到岳母聞言非常高興，直說那是好兆頭。岳母說：「第一個夢，牆頭上孤零零地長了一棵草，意思是說你即將高人一等；第二個夢，戴著斗笠還撐傘，是說你官（冠）上加蓋。」

聽到這裡，書生總算鬆了一口氣，急忙問道：「那第三個夢又做何解釋呢？」

岳母拍拍書生的肩膀：「那個夢是暗示你終有翻身時。」

書生聽了，喜上眉梢，信心滿滿地進京赴試，果然一舉取得好功名。

對夢境不同的解讀，往往造成了不同的結果，也成就了不同的人生。

人是自己的上帝，相信自己，你就能美夢成眞。

英國文學家彌爾頓曾說：「大多數人的意志，都是被喚而起，被推而後醒的一種潛伏的東西。」

是不是？如果有人稱讚你很聰明，即使你從來都沒有什麼突出的行爲，你也會覺得自己好像比以前更聰明。如果別人說妳漂亮，妳一整天都會記得這句話，而且還會忍不住多看自己幾眼，覺得自己眞的變漂亮了！

意識就是這麼奇妙的東西，起源於一個微小的動作、話語、鼓勵，然後它就會發揮強大的力量，改變你的一生。

不要等著別人來喚醒你，從今天開始，你可以首先喚醒你自己的潛能！

不知足最容易掉入陷阱

人往高處爬，好東西不會平白無故地送上門來；想要得到更好的，除非你先把自己做到最好。

俄國作家克雷洛夫曾經寫道：「人常常為了立即幻滅的泡影，不惜犯罪、做惡、惹麻煩、鬧糾紛。」

不知足的人最容易落入陷阱。沒有那麼大的頭卻戴那麼大的帽子，往往只會使你更加抬不起頭。

從前，有一隻老鼠生了一個非常漂亮的女兒。老鼠望女成鳳，想把女兒嫁給一個有權勢的人物。

老鼠看到太陽很非凡，就巴結太陽說：「太陽啊，你這麼偉大、能幹，萬物要是沒有你，就沒有辦法生存了，請你娶我的漂亮女兒爲妻吧！」

太陽客氣地回答：「不，我不行，因爲烏雲比我更厲害，只要它遮住了我，我就沒輒了，你還是把你的女兒嫁給烏雲吧！」

聽了太陽的建議，老鼠又跑去找烏雲，阿諛地對烏雲說：「請你娶我的女兒爲妻吧！你有這麼神通廣大的本領，我眞的非常仰慕你。」

烏雲謙虛地說：「我那一點本領算什麼，風一吹，我就被吹跑了，我看你還是去找風吧！」

老鼠一聽，原來風比烏雲更有本事，就去找到風，對它說：「風啊，我終於找到你了。聽說你很有權威，只要一生氣起來，所有人都怕你，我希望可以將我美麗的女兒嫁給你。」

風聽了老鼠的話，緊鎖著雙眉說：「不是所有的東西都怕我，像牆就一點都

不怕我，不管我怎麼吹，它都無動於衷。牆比我要厲害多了！」

老鼠一聽，又決定去找牆。牆卻揶揄地說：「我算哪根蔥啊？萬一你們這些老鼠在我底下打洞，那我可就危險了。我沒什麼本事，不配做你的女婿。」

這麼說來，老鼠是比牆更厲害的東西囉！老鼠想了想，既然牆怕老鼠，那麼老鼠又怕誰呢？牠忽然想起了祖宗明訓，老鼠生來是怕貓的，貓比老鼠要厲害多了。於是，老鼠趕緊去找貓，點頭哈腰地對貓說：「貓大哥，你比太陽還厲害，比風雲還威猛，連牆壁、老鼠都比不過你，我有一個美麗的女兒，請你作我的女婿吧！」

貓一聽，杏眼圓睜，爽快地答應了：「太好了，就把你女兒嫁給我吧！最好馬上結婚。」

嗯，貓大哥眞不愧是有魄力、有作爲的男子漢大丈夫，老鼠心想這下子總算給女兒找到如意郎君，便高興地跑回家去，大聲對女兒說道：「老爸終於給妳找到好靠山了，原來最顯赫、最有權勢的是鼎鼎有名的貓大哥，妳嫁給牠以後可以享一輩子福呢！」

當晚，老鼠們就把新娘子打扮好，請來一群老鼠儀隊，打著燈籠、涼傘，敲著鑼鼓、喇叭，一路上吹吹打打，把新娘子用花轎送到了貓的住所。

貓一看老鼠新娘來了，花轎剛進門，還沒等新娘下轎，就撲了上去，一口把可愛的新娘吞進肚子裡去了。

老鼠以爲自己招來了一個金龜婿，沒想到卻是給自己惹來了一個「吃鼠不吐骨頭」的「如意狼君」。

類似情況並不少見，許多人騎驢找馬的結果，卻爲自己找了一隻豬。

人比人氣死人，已經得到很好的，卻總還想要得到更好的。只是當最好的東西出現在你面前時，你是否有福氣消受呢？

在仰望世界的同時，也別忘了照照鏡子。

人往高處爬，好東西不會平白無故地送上門來；想要得到更好的，除非你先把自己做到最好。

PART 3

平靜，才能避開情緒的陷阱

凡事還是先退一步，待情緒冷靜下來之後，
我們才能找出最好的辦法，圓滿地加以解決。

懂得生活，才是真正富有

困難總會過去，只要懂得幽默以對，生活自然處處有陽光，人生再也沒有什麼過不去的難關。

大多數曾經面臨生死關頭的人，掙脫死神之後，送給人們的第一句話都是：「能活著眞好！」

那麼，還在爲昨天困難而失眠傷神的人，或是爲今天已逝的愛情而煩悶鬱結的人，何不放開心往前看看？

別再讓你的心被這些困擾糾結了，想越多越容易讓自己困在死胡同裡找不到出口。笑一笑，換個角度想一想，然後你將會看見另一個更美好的風景，與眞正屬於自己的最愛。

就在雷根當選美國總統後的第三個月，很不幸地遇到歹徒襲擊，當時，幾聲槍響過後，雷根便在一陣灼熱的疼痛中昏迷過去。

醒過來時，他便看見妻子南西正著急地守候在身邊。爲了安慰妻子不再爲他擔心，他想起了一位拳王曾經說過的名言。

那是拳王在一場競賽失利後對他的妻子說的幽默話語：「親愛的，對不起，我忘記閃躲了！」

此刻，相同的話正從雷根嘴裡蹦出來，逗得周圍人哄堂大笑。接著，他還招呼著醫生與護士們：「嗯，我想，最好能把剛才那場戲重拍一遍，不如就從醫院入口處開始吧！」

這個幽默的想法立即又引來一片笑聲，只是，雷根隨即便昏迷了過去。醫生見狀，連忙開會決定立即將總統胸口的子彈取出。

子彈取出後，雷根總總的喉嚨上多了一根管子，不過這個不便並未阻礙雷根

的幽默思考。

只見他在活頁紙上寫著：「這場費盡心思的槍擊案如今卻毫無結果，實在令人痛快。」

看到醫護人員在他周圍忙個不停，他忍不住又加上了一句：「當年在好萊塢時如果有這樣的照顧，我肯定不會走！」

隨時保持心情愉快，透過幽默感染周圍的人，是已故的雷根總統最迷人的地方。無論遇到何種狀況，他總是能瀟灑自在地面對，即便出糗或遇上危難，也都能鎮定面對，然後以冷靜、自信的判斷力將問題化解，甚至轉化成爲豐富生活的絢麗火花。

那你呢？當你不小心出糗或是遇到困難之時，都怎麼告訴自己？又如何迎接這些挑戰呢？

不想尷尬得手忙腳亂，那麼首先我們便要學會雷根總統的生活態度：「用幽

默面對吧！」

困難總會過去，只要能像雷根總統面對槍傷的態度一樣，懂得幽默以對，生活自然處處有陽光，人生再也沒有什麼過不去的難關。

湯瑪斯曾經寫道：「一個真正富有的人，並不是在於他擁有多少金錢財富，而是在於他擁有多少心靈財富。」

一個心靈貧乏的人，即使擁有億萬財產，也遠遠比不上一個雖然家徒四壁，卻懂得用心生活的人來得富有，因爲，只有懂得用心生活、懂得讓自己活在當下的人，才是眞正富有的人。

笑一笑吧！

仔細想想，我們遇到的麻煩都比生死關頭還容易突破，不是嗎？只要我們再堅持一下，事過境遷之後，你自然會知道，原來抬頭仰望天，看見陽光的感覺竟是那樣的幸福、暢快。

學會淡忘不開心的事情

學會將不開心的事淡忘，把心打開，多一點包容也多一點真誠，我們便能成為人們最渴望擁有的真心朋友。

人就是這麼奇怪，應該記住的事老是記不住，反倒是那些無須留存的芝麻細事，卻總是記得清清楚楚。

問題是，滿腦子被這麼多煩人的瑣事佔據，怎麼快樂得起來？

別被那些煩人的舊事糾纏，框限自己的生活！

生活中真正需要保留的檔案，不該是錯誤百出的文件，更不是有害身心的病毒，大刀闊斧地刪除那些垃圾和病毒吧！這樣一來，我們才能騰出更多的空間記

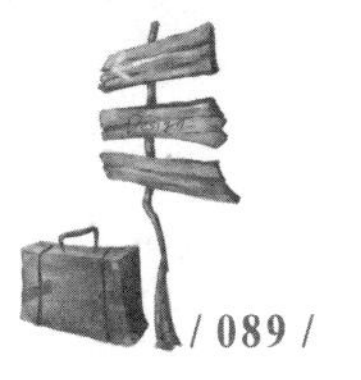

憶幸福與快樂的事。

人生絕大多數的困惱，都來自於偏執。走出困惱的最好方法，就是「學會放下，活在當下」。

學會放下，你的內心就不會有過多煩惱與怨懟；活在當下，你的腦海就不會堆滿不切實際的妄想。

木木和豆豆是感情十分要好的朋友，有一年冬天來臨之時，他們正巧吃光了庫存的糧食，於是兩個人便決定到更遠的地方尋找食物。

長途跋涉十分累人，這天木木和豆豆準備要翻過一座高山。

就在他們攀爬到一半時，木木忽然一個腳軟竟往崖邊滑了過去，就在那一瞬間，豆豆立即拉住了木木。

因爲豆豆的機警，把木木從鬼門關旁搶救了回來，木木當下便在附近的一塊大石頭上刻下了「某年某月豆豆救了木木一命」的字樣。

越過了高山，這兩個好朋友的行程沒就此停止，馬不停蹄地繼續前進。

幾天之後，他們來到一處結冰的河邊，或許是走得太累卻一無所獲，兩人居然爲了要踏冰河而過，還是另尋橋樑前進而起了爭執，豆豆甚至一氣之下還踢了木木一腳。

此舉讓木木氣得不得了，火冒三丈地跑到冰河邊，用尖銳的枯木在冰面上刻下了「某年某月某日，豆豆踢了木木一腳」。

不久，有個和他們走過同樣的路程的旅人遇見了木木，好奇地問他：「爲什麼你把豆豆救你的事刻在石頭上，卻把他踢你的事刻在冰面上？」

木木回答說：「豆豆救了我，我當然要永遠銘記，心懷感激；至於他踢我的事，嗯，我想還是跟著冰融，把它忘了吧！」

很動人的一則小故事，讀著木木對「朋友的幫助」用心銘記，對「朋友的欺負」選擇笑著忘了的包容，是否讓你也很想擁有這樣的朋友呢？

想的話，不妨就從自己的言行開始做起吧！

學會將不開心的事淡忘，不要讓心中存有芥蒂，因爲一有心結，我們便很難與朋友們交心。

試著想想朋友們的好，也用心記起朋友們曾經的幫助，把心打開，多一點包容，也多一點眞誠，我們便能成爲人們最渴望擁有的眞心朋友，相對的，朋友們也會因爲你的付出，回報更多溫暖的情誼。

生命的流程中，我們只需記取別人給過自己的好處，那些讓自己不開心的小事要適時放下。

如果了解品嘗生命的過程本身就是一種幸福，那麼，你就能學會淡忘不如意的事情。

面對你的朋友，多一點微笑吧！不要老是記掛小事，不要用臭臉迎接身邊的人，即便是天天見面的親人，也一樣渴望你的眞心微笑呢！

肯定自己，自然能步步高升

在升升降降之間，那些真正有機會坐上高位的人，對自己從來都是自信滿滿，也明白肯定自我的重要。

任誰都想經常加薪，不斷地在職場上步步高升，但認眞想想，當我們薪水袋塡飽了，職位也獲得了升遷，坐在高級辦公椅上，是否會懷念起往昔那不顧一切勇往直前的衝勁？

現在呢？那份積極的生活動力是否還在？

還是，價值觀早已起了劇烈的變化？

你的活力和自信，是否隨著環境和職位起起伏伏？

身爲行銷部經理的胡立歐，這天忽然接到人事部的命令：「上級命令調派你轉任供應部經理。」

「供應部？」胡立歐對這個調度頗爲不滿。

他還猜想：「供應部根本比不上行銷部，看來上頭有心要對付我，明擺著對我不滿意，未來恐怕前途堪慮。」

相較於行銷工作的活潑與伸展空間，供應部處理的只是機械化的事務，性格外向的胡立歐面對從此以後得呆坐在辦公室的新職位，不禁大感苦惱。工作一段時間後，胡立歐竟變得鬱鬱寡歡，不再像過去那樣滿臉陽光。

有一天，朋友問他：「你的活力和自信怎麼全不見了？」

聽見朋友這麼問，胡立歐這才認眞地反省自己：「是啊！我一直對自己很有信心，怎麼換了職務後卻變樣？這樣的調度讓我失去動力，這樣對嗎？讓自己的活力跟著部門的轉換一起調降，會不會太對不起自己了？」

「不行！我絕對不能這樣！」

胡立歐總算找到問題癥結，重新整理自己的心情與態度。

從此，他開始將精力全部投入新的工作中，慢慢地發現供應部門也有自己可以揮灑的空間，甚至還比行銷部門還寬廣。爲了讓自己更具價值，也爲了讓供應部不再被輕視，胡立歐決定與供應部一同成長。

帶著原來的自信風采與積極作風，胡立歐不僅振作了自己，也振奮了身邊伙伴們的精神。當供應部門的同事們看見自己有如此積極、出色的主管，對自己有了全新的認知與想法。他讓他們知道：「無論我坐在什麼位子上，對全公司來說，都有著舉足輕重的地位。」

重新找到工作意義的胡立歐，出色的表現讓上級十分欣賞，拿到總公司頒發的兩次特別獎金後，再次收到一張人事調職命令，這次，他走進了「副總經理」辦公室。

在工作崗位上，我們應該建立的基本觀念，不是在於怎樣表現自己，而是能不能不斷地超越自己過去的表現！

怎樣才算是調降，又怎樣才是調升？

對大多數的人來說，不是從職位上評估，便是從薪資上論斷，也許一生平穩地在同一個職位上坐幾十年，或者順從地跟著人事規定升降。

但是，在上升與下降之間，有多少人能在調升時給自己真正的肯定？面臨調降時能認真看清自己的不足？

其實，生活與工作一直有個共通的理念，那便是「價值的認定」。升升降降之間，那些真正有機會坐上最高位的人，從來都不是等到一屁股坐上了總裁寶座才知道肯定自己的不凡，在此之前，他們對自己從來都是自信滿滿，也明白肯定自我、超越自我的重要。

與其生氣，不如幫幫自己

上帝之手其實就在你我的身上，在人生最關鍵的時刻，我們唯一的依靠還是自己，就像每次災難過後，我們始終得靠自己的力量再站起來！

生活隨時都會有狀況發生，人生也免不了要經歷一些麻煩事，對於忽然出現眼前的難題，我們除了用平常心面對，更要認真地督促自己積極解決。

因爲，所有的難題都得經由我們親自動手，才知道如何化解。

就像解算數難題，雖然有標準答案，但如果我們不親自演算一遍，便很難充分理解；一旦解題步驟沒能融會貫通，下一次再遇難題，我們仍將困在原點，無

法向前邁進。

據說，阿諾還沒成名之前，曾開著一輛小貨車在路上奔馳，就在往前疾馳時，車子忽然顛了一下，車身立即往右傾斜，另一邊的車輪跟著便懸空轉動。阿諾下車檢查，發現右車輪已陷入泥坑中。

「搞什麼嘛！」阿諾四處張望著，期待著能有人出手相助，然而在這樣偏僻的小路上，一個人影也沒有。

時間持續空轉，讓阿諾情緒越來越煩躁，咒罵聲的分貝也越來越高。只見他時而指著車輪發火：「這什麼破輪胎，居然轉不出這個泥坑！」時而對著泥坑大聲斥喝：「是誰弄了這個泥坑？是誰想陷害我？」

空氣中瀰漫著阿諾憤憤不平的情緒，或許罵久了，也罵累了，無奈之餘，他只得向老天爺求助：「上帝啊！請您幫幫我吧！麻煩您把我的車子從泥坑裡推出來吧！這對您來說，應該只是舉手之勞。」

就在祈禱完畢，阿諾竟然聽見了上帝的聲音。

只見上帝撥開了雲，露出臉龐說道：「嗯，你有先動腦想辦法嗎？若沒有，我恐怕無法伸手！你先看看自己的車子，是怎麼困在泥坑裡的，又爲什麼會陷進去的。」

「我怎麼知道！我就是找不到辦法才會求您幫忙。」阿諾沒好氣地說。

「你已經將車輪周圍的爛泥都剷除了嗎？也已經把礙事的石頭都挪走了嗎？你不嘗試一下，怎麼知道不行呢？」說完，上帝便又躲回雲裡去了。

過了一會兒，上帝又露出臉龐問他：「你做完了嗎？」

阿諾擦了擦汗說：「做完了！」

「很好，你現在可以踩油門了。」上帝說。

阿諾立即回到車裡，猛地一踩油門，沒想到車子竟然輕鬆地躍出了泥坑，一下子就重回路面。

「這，這是怎麼回事？車子竟然這麼輕鬆地走出泥坑，果然是上帝，您眞行！」這會兒阿諾的怒氣似乎已消，轉而和善地對上帝說感謝。

可是，上帝卻搖了搖頭：「不必感謝我，你的車子之所以能離開泥坑，是因為你已經解決了大部份的問題，我的舉手之功，事實上是你促成的。」

看著阿諾一開始只知怨天尤人呼叫上帝，面對困難時自己連動都不動，只想等待別人來救援，不知道你有什麼想法？

是不是和上帝一樣忍不住嘆口氣、搖搖頭，還是低著頭反省：「唉，我不也經常如此？」

每個人都希望幸運之神能天天關照，也天天等待著老天爺能將福分獨惠於自己，但是仔細想想，上帝真能一一關照、一一滿足每個人嗎？

上帝之手其實就在你我的身上，在人生最關鍵的時刻，我們唯一的依靠還是自己，就像每次災難過後，我們始終得靠自己的力量再站起來！

老天爺唯一能做的，也只有盡力露出溫柔的陽光，一一點燃我們心中的希望，讓我們相信自己一定能走過這個難關。

沒有人會是永遠的失敗者

馬有失蹄之時，成功者不一定能永遠穩坐勝利的寶座，反之，失敗者當然也不會永遠嚐到失意的滋味。

生活最重要的就是面對事實，懂得認眞生活、活在當下。

成功了，我們應該謙虛迎接人們的歡呼聲；失敗之時，我們更要好好地反省自己的不足。

因爲，眼下獲得成功，並不等於從此以後就不會嚐到失敗的苦果，目前的失敗也不代表我們從此以後都要面臨失敗。沒有走到最後一刻，我們永遠不能斷定誰贏誰輸。

強森是加州最厲害的拳擊手，每次站上擂台，有時候還沒出招，底下的觀眾便已經開始道恭禧了。

那或許是強森渾身上下散發出來的自信力量讓人們相信：「這個金腰帶肯定還是強森的！」

事實上，比賽結果也正如人們的預期，金腰帶始終都沒有離開強森身上。今天又有一場比賽，來向強森下戰帖的是一個名不見經傳的年輕人。

一如往常，比賽還未開始前，《拳擊快報》便發表了這樣的評論：「這個不知道從哪裡冒出來的年輕人想挑戰強森，簡直是自討苦吃！他一定擋不過強森三招就會敗下陣了。」

跟著裁判的一聲「開始」，強森和年輕人便在擂台上激戰起來，你來我往，一時間打得不可開交。

不過，有沒有實力，隨著時間流逝便可慢慢看出。不一會兒工夫，年輕人開始出現了疲態，而強森凌厲的攻勢始終未減，只見年輕人一味地招架、閃躲，卻無力還手。

現場轉播的評論又出現了：「沒錯，任誰都看得出來最後的結局，強森將拿下第八十場勝利。」

但是，結果竟然大爆冷門，就在比賽時間快結束時，強森突然間腳一滑，不由自主地往前撲去，就在這個時候，年輕人乘機給了他一個左勾拳，一舉將強森打倒在地。

「一、二、三……」裁判大聲地對著躺在地上的強森喊叫，但一直喊到「十」，強森始終沒能再爬起來。

於是，裁判立即宣佈：「恭喜年輕人挑戰成功！這個金腰帶的主人從今天開始換成這位年輕人！」

原本現場應該響起的掌聲竟沒出現，只見台下一個個不敢置信的神情，就連幾位資深的老將們也這麼對記者們說：「強森一定是故意輸給他的！」

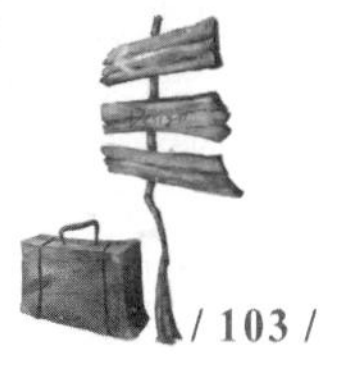

看完了故事，不知道你覺得是強森有心退讓，還是勝利之神眷顧這個年輕人，肯定他求勝的毅力呢？

就像老將們與記者們的評論，很多人都是這樣，因爲對勝利者的期望比較高，以致心中有著偏頗，下評論時經常少了公正客觀的態度。

「不要被先入爲主的看法牽絆」，這是年輕人擊倒強森隱藏的寓意，未來將由誰出線扮演成功者，很難準確預料，因爲結果隨時會出現變化。

成功者不一定能永遠穩坐勝利的寶座，反之，失敗者當然也不會永遠嚐到失意的滋味。時間一直向前進，不同的人會付出不同的心力去推動這個時間轉輪，只要我們願意付出，輪盤上的指針終有一天會落在我們的方位，換人上台領取獎盃。

今天檯面上的成功人物並不一定會是下一波潮流的引導者，至於迄今仍辛苦迎戰的你，是否能成爲創造下個紀元的先驅，就看你的決心和努力了。

愛的鼓勵使人更賣力

每個人都希望聽見別人支持的聲音，特別是自覺能力不夠的人比誰都渴望得到你我的支持與肯定。

嘲笑不僅傷人，更容易傷了和氣。

有些人習慣把嘲笑視為幽默，還經常用這樣的方式試圖博得哄堂大笑，只是在這些笑聲之後，還願意留在身邊的真心朋友恐怕不多了，畢竟沒有多少人能忍受自尊心被傷害，不是嗎？

事實上，當你等待朋友們鼓勵時，對方其實也正期待著你的肯定！希望有更多人支持你嗎？

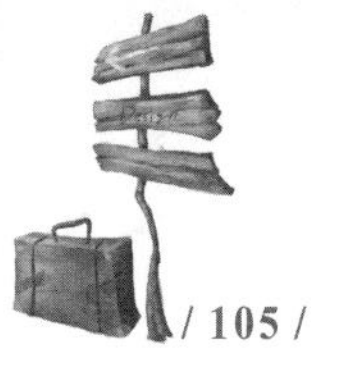

那麼，就從我們自己開始做起，先給朋友們一個眞心的愛的鼓勵吧！

因爲行動緩慢，諾里經常被其他同學恥笑、奚落，尤其是經得到長跑冠軍的尼克，最愛嘲笑諾里動作緩慢。

只要每次一見到諾里，他都會大聲地說：「諾里啊！你和蝸牛是親戚吧？不是嗎？你們眞是絕配！」

聽見尼克又在嘲諷諾里，其他同學很少出聲幫忙，反倒跟著起鬨，嘲笑諾里的行動速度，這也讓原本就充滿自卑的諾里更抬不起頭，行動似乎變得更加遲鈍、緩慢了。

有一天，諾里獨自在海灘邊哭泣時，有個年老的漁夫正巧經過，看見諾里無精打采的模樣，忍不住上前關心：「小朋友，你怎麼了？」

諾里傷心地回答說：「我的行動太慢了，每次跑步競賽的時候，都只能遠遠地跟在尼克後面，現在他一見到我便老是笑我像隻蝸牛。」

「像蝸牛有什麼問題嗎？小老弟，別太在意尼克的嘲笑，我相信你總有一天會跑贏尼克，我看好你啊！加油吧！」老漁夫勉勵著諾里。

諾里看著老漁夫，若有所悟地點了點頭，從此以後，再也不理會同學們的嘲笑，平常在練習跑步時，還會不自主地哼著小曲快樂上路。

後來，在一場運動比賽上，驕傲的尼克完全不將諾里放在眼裡，進行兩人競賽時，自負地說：「我慢慢跑就可以，反正他根本跑不贏我！」

尼克果真鬆懈下來，可是萬萬沒想到，才一不留神，諾里竟然已經衝到終點等待領獎了。

在我們的生活周遭，不乏像尼克一樣老愛嘲諷他人的朋友，雖然有些人只是覺得好玩，但聽著朋友們的冷嘲熱諷，應該沒有人會覺得開心吧！

沒有人不希望得到別人的鼓勵，也沒有人喜歡被嘲笑批評，換個角度仔細想想，相同的事情若是發生在我們身上，自己是否會覺得快樂呢？

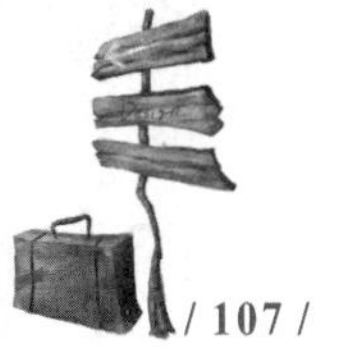

相信你也很渴望擁有人對你說「我看好你」，不是嗎？

再用心地感受一下，當你聽見這句簡單對白時，內心是不是也感受到一股莫名的動力呢？

沒錯，就是這個感覺！

每個人都希望聽見別人支持的聲音，特別是自覺能力不夠的人比誰都渴望得到支持與肯定，只因勉勵不僅能加速幫助他們重拾信心，更能讓他們對未來充滿希望。

那麼，在等待人們給予你鼓勵的同時，不知道你是否願意先給身邊的人多一點鼓勵、多一點讚美呢？

平靜，才能避開情緒的陷阱

凡事還是先退一步，待情緒冷靜下來之後，我們才能找出最好的辦法，圓滿地加以解決。

法國大文學家巴爾札克曾經這麼勸告世人：「因為情緒而行事，只會莽撞草率地毀壞自己，應該讓心情冷靜下來，讓自己的頭腦更加清醒。」

在層出不窮的社會新聞裡，我們最常聽見意外發生的理由是：「因爲一時情緒失控，所以……」

只是，情緒眞有那麼難以控制嗎？

當然不是！

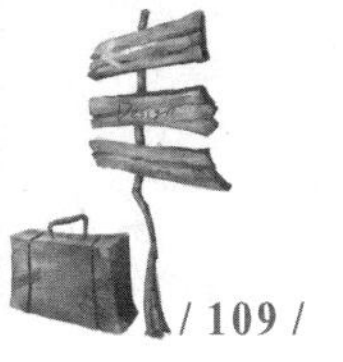

只要心情保持平靜，我們就能避開情緒的陷阱。還記得上一次與人起爭執時，情緒宣洩完之後，心中不是滿是悔恨，後悔著當初若能冷靜一些，錯誤和傷害或許就不會發生了？

「加油！快衝啊！」

看台上，球迷們的激情程度一點也不輸球場上的競爭氣氛，只見一顆足球在兩隊球員的腳下轉來轉去，似乎沒有人可以完全操控它。

此刻，現場觀衆因爲這場球賽而充滿緊張的氣氛，看著兩隊球員那樣努力地拼鬥著，大家的心全跟著球起起落落。

就在這個時候，紅隊前鋒猛地一躍。

「是的，紅隊再攻下一分！」體育主播激動地說。

「哇！你們看，那前鋒身手多麼矯健啊！眞是太厲害了，一連踢進了兩顆球，太了不起啦！」與主播一同播報這場球賽的體育專家說。

當然，看台上的觀衆們也有不少討論。

許多人都讚嘆說：「是啊！紅隊的前鋒太強了，那簡直就像個奇蹟，連進兩球，眞了不起！」

就在支持者正陶醉於勝利得分時，旁邊一位觀衆卻搖著頭說：「眞有那麼厲害嗎？我看未必吧！雖然他的身手眞的很敏捷，踢球的技巧也眞的很不錯，但是，他跟本不懂得與隊友配合。看仔細點！你沒發現他剛才用腳故意絆倒對方球員好幾次了，還有，他一點也不尊重裁判的專業，明明犯規卻硬說裁判故意爲難！」

激情容易使人少了冷靜的觀察力，也少了理性看待輸贏的態度，這時人們只顧著宣洩自己的情緒，很容易遺漏了失敗危機。

從「能否冷靜觀察」的角度切入，我們不難發現自己面對事情時，也經常出現這樣的缺漏。我們看得見表面狀況，也知道要立即解決眼前出現的問題，只是積極補好了表面漏洞後，卻遺漏了深究隱藏其中的害蟲，直到蛀蟲再次咬出新洞，

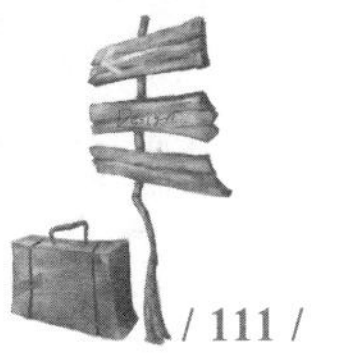

這才發現內裡已經被啃食精光了。

事情有很多面向，就像這場足球賽一樣，有人只顧著看計分板上累積的分數，有人則專注於教練的佈局，當然也有人仔細地盯著那些好大喜功的球員是否會讓這場球賽出現變數。

你懂得冷靜觀察嗎？

或許，運動比賽不必看得這樣嚴肅，但回到現實生活，我們卻絕不能少了這個冷靜觀察的態度。

因爲生活中的每一場賽事都不相同，也不能重新來過，一旦有了閃失或遺漏，生活恐將陷入苦戰。

不想重複面對這些傷痛，我們便要記得情緒失控時的可怕情況，並隨時提醒自己：「凡事還是先退一步，待情緒冷靜下來之後，我們才能找出最好的辦法，圓滿地加以解決。」

認真領悟生活中的各種啟示

生活最重要的，不是我們可以得到多少貴人指點多少事，而是我們能否在日常生活中認真感受並啟發自己。

好的忠告不在多，重點在於我們是否能夠領悟其中旨意，若是無法領略它的內涵，那麼再多的忠言，對我們來說只不過是旁人的幾句閒話。

認眞領悟生活中的各種啓示，我們眞正要期待的不是別人清清楚楚地將問題點明，而是是否能聽出話中的提示。

據說，城裡有一位專賣忠告的人，這對充滿困惑的布萊德先生來說確實是個好消息。因此，布萊德一聽到這個消息，便立即進城，賣忠告的人一看見他，便問：「你要什麼樣價格的忠告？」

布萊德看完價目表後便說：「就一塊錢的吧！」

賣忠告的人拿到錢後便說：「年輕人，如果有人請你吃飯，而你卻不知道將有幾道菜上桌，那麼第一道菜上來時，你不妨多吃一點。」

布萊德一聽，忍不住皺了眉頭，覺得這個忠告實在不怎麼樣。於是，他不滿地說：「先生，這什麼忠告啊！等等，再給我兩塊錢的忠告。」

賣忠告的人笑著點了點頭：「好，兩塊錢的是吧！」

待布萊德將兩塊錢遞給他後，賣忠告的人便說：「聽好了，當你生氣的時候，如果事情還沒考慮周詳，千萬不要蠻橫強行，還有，在你還沒搞清楚事情真相之前，千萬不要隨便動怒。」

「是！」布萊德點點頭，接著又拿出一百元，表示要再買一個忠告。

賣忠告的人笑著說：「好，聽仔細了，如果人們沒有徵求你的意見，請千萬不要發表議論！」

布萊德若有所悟，將這些用錢換得的忠告一條一條銘記在心，接著便外出經商了。這一走便是二十個年頭，那些忠告雖然爲他帶來了事業上的成就，卻也讓他與家人分別了二十年的時光。

每回布萊德一想到這裡，心中便滿是愧疚和遺憾，終於決定放棄一切返回故鄉，用剩下來的時光好好地陪伴家人們。

也許是近鄉情怯，布萊德一回到家，竟然偷偷地躲在角落裡，靜靜地窺視著屋裡的一切，直到黃昏時分，有個年輕人忽然走進屋內。

「他是誰？」布萊德好奇地張望著。

就在這個時候，布萊德的妻子竟熱情地上前問候：「你從哪兒回來的？」

布萊德看見妻子對年輕人如此親暱，醋意大發，心中忍不住怒吼著：「好哇，居然趁著我不在的時候和別的男人交往，我要把你們……」

就在布萊德準備發作前，心中忽然響起了另一個聲音：「當你生氣的時候，若事情還沒考慮周詳，千萬不要蠻橫強行。如果，事情眞相你還沒了解仔細，千

萬不要隨便動怒。」

沒錯，正是兩塊錢的忠告忽然在他的耳邊響起，讓他按住了情緒，決定再仔細觀察，好找出最有力的證據。

天黑了，餐廳裡的燈光柔柔地亮著，布萊德一看見這個情景，心也跟著溫暖了起來。但就在這個時候，妻子與年輕人居然手牽著手出現，布萊德的情緒忍不住又上升了，若非忠告不斷地在他心中響起，他們恐怕連最後一頓飯都吃不到吧！

「兒子啊！」就在這時，妻子居然對著年輕人輕輕呼喚著。

「兒子？」原本躲在窗外偷聽的布萊德聽見妻子這麼呼喚，心中一驚，努力地想看清楚兒子長什麼模樣。

「孩子，有艘船剛剛入港，聽說那條船是從你父親經商的地方回來的，你明天一早去打聽打聽，也許能聽到他的消息。」

「是的，母親！」

布萊德探頭一看：「這年輕人是我的兒子？我兒子居然長這麼大了！」

是的，二十年前他的妻子懷孕時，若非他堅持帶著忠告出外打拼，也不會失去了這二十年與孩子一同成長的機會。當然，若不是他用心謹記著這幾則忠告，或許此刻的他已情緒失控，犯下了大錯。

「我的兒子啊！」

布萊德忍不住叫了出聲，只見屋裡的兒子和妻子放下碗筷，跑了出來……

文中一條條忠告果眞令人印象深刻，從只值一塊「吃飽點」的建議，到「不要輕易動怒」的忠告，再到最後「不要發表議論」，全都寓意深遠。

一塊錢，告訴布萊德要吃飽一點，道理很簡單卻也很實用，只是想必有不少人與布萊德一樣，都認爲那一點作用也沒有吧！

不知道聰明的你，是否發現了其中隱喩？

就是「把握機會」這四個字！既然無法預期未來，那麼我們在發現第一個機會時，應該要好好地飽餐一頓，珍惜眼前。

因爲只值一塊錢，以致於讓人看輕這樣的價格，也因而少了一次領悟的機會，

進而要花更多的時間、金錢去尋找平凡人生裡的大道理。

事實上，不管是兩塊錢的忠言也好，或是一百塊的忠告也行，生活最重要的，不是我們可以得到多少貴人指點多少事，而是我們能否在日常生活中認真感受並啓發自己。

就像這則故事，若不是布萊德自己銘記教訓，認眞領悟，這段父子相認的感動畫面便不會呈現在你我眼前。

給孩子一個最好的開始

孩子不會因為萬貫家產而感到幸福，他們真正想要的幸福是身邊能有告訴他們如何看重自己，以及如何認真生活。

不想讓孩子輸在起跑點上，父母親就要認眞地陪伴孩子走過每一個成長階段，而不是一味地將知識塡塞給他們。

因爲，孩子們眞正需要的不是死讀書，而是你一路走來的人生體悟，以及待人處世的智慧。

身教不如言教，親自牽著孩子們的手，告訴他們怎麼培養學習的樂趣，教會他們尋找未來夢想的方向，比逼他們啃書來得實際而且有效！

服務員將菜單遞送給剛坐定位，準備就餐的一家人。

爸爸抬頭看著服務員，客氣地說：「請您給我們一份貴餐廳的招牌餐點就好，只要一份就夠了，因爲只有我女兒要吃。」

服務員一聽，忍不住皺了眉，雖然想盡力掩飾不禮貌的神情，不過還是不悅地問：「另外兩位不吃嗎？」

「我們都吃過了，謝謝。」說完，只見爸爸和媽媽低下了頭。

這個情況引起了餐廳經理注意，立即把服務員叫來，仔細地問明情況。

服務員頗爲不屑地說：「他們一定很窮，我認爲他們根本吃不起這裡的菜，你看，居然只點一份套餐給他們的女兒吃，卻說自己已經吃飽了。」

經理了解情況後，便仔細地觀察這戶人家，發現這對父母與女兒間的互動十分溫暖，特別是父母投注在孩子身上的眼神非常慈祥溫柔。

不僅如此，他還發現在用餐時，夫妻倆更是一絲不苟地教導女兒餐桌上的禮節。

經理心想：「服務員可能對這家人有所誤會吧！」

爲了表示歉意，經理親自端著兩杯咖啡來到他們的餐桌旁：「先生，這是我們送給你們的咖啡。」

「可是，我們沒點啊。」爸爸站起來禮貌地拒絕。

「我知道，這是餐廳請您喝的。」

接著，經理與這對夫婦閒聊了起來，終於明白爲何這一家三口只點一份的原因。爸爸說：「事實上，我們的經濟情況並不好，實在吃不起這樣高級餐廳的餐點。不過，我們對孩子很有信心，未來她會走過貧困，現在我們能做的就是先教會她基本的用餐禮儀。更重要的是，我們想讓孩子記住，自己曾在高級餐廳裡享受著受人尊重的服務感覺，我們希望她將來會懂得自重，更懂得尊重他人。」

在服務生的鄙視眼光裡反照出來的，正是「尊重別人等於尊重自己」。

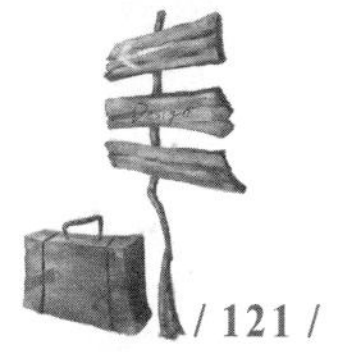

當故事中的爸爸坦誠地說出自己的家庭情況，也自信地說出教育子女的方法時，我們能看見的不只是這位小妹妹的未來成就，還有這一家人的幸福氣氛。我們可以相信，在這個懂得自重且彼此尊重的家庭裡，溝通的機會一定多，也一定很和樂。

看完這個故事，你心中是否也有很不一樣的啓發？

孩子不會因爲父母爲他們掙得了萬貫家產而感到幸福，對每一個成長中的孩子來說，他們眞正想要的幸福是身邊能有人願意隨時牽著他們的手，告訴他們如何看重自己，以及如何認眞生活。

PART 4

保持平常心，就不會失去信心

當你對自己有足夠的信心，不再患得患失，
當你對自己抱持著堅定的意念，
能以平常心面對，謠言有何可怕？

保持平常心，就不會失去信心

當你對自己有足夠的信心，不再患得患失，當你對自己抱持著堅定的意念，能以平常心面對，謠言有何可怕？

作家戴埃在《你的誤區》一書裡寫道：「所謂失敗，只不過是別人對你應該如何做某件事的看法。所以，一旦你相信沒有必要事事都按別人的意圖去做，你也就不會失敗了。」

爲了今天的演講你苦練多時，臨上台前，告訴自己「不能出錯、不能出錯」，結果還是出錯了！

在台上吃了個螺絲，本來不是什麼大事，但是，看見台下同學失望的眼神，

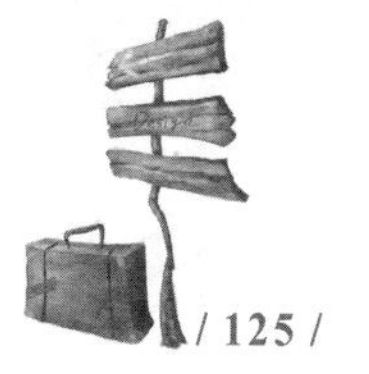

你越說越小聲，越說越小聲，最後連頭也抬不起來了。

我們不都經常這樣嗎？

如果不能抱持著平常心，越焦急地想把一件事做好，就越容易搞砸！適度的刺激、鼓勵是助力，過度的刺激勉勵就會變成沉重的壓力。

甲乙兩隊比賽棒球。甲隊的支持者比賽前告訴甲隊的教練：「你放心，比賽的時候，我們會聚集很多人在場邊為你們助陣吶喊的！」

甲隊教練聽了，急忙搖手說：「不不不！你們到對方的啦啦隊陣營裡，對我們的幫助反而更大。」

甲隊的支持者一臉茫然，不明白教練為什麼要他們這麼做。於是，教練面授機宜，在支持者耳邊說了些悄悄話，只見支持者頻頻點頭，不久，雙方都露出了得意的笑容。

球賽開始後，只見甲隊的支持者和乙隊的啦啦隊坐在一起。

每當乙隊進攻時，甲隊的啦啦隊就跟著拍手叫好，但是，一旦乙隊有人發生小失誤，甲隊的啦啦隊就會帶頭起鬨，發出不滿的噓聲，到了後來，甚至還大肆批評、要求教練換人。

乙隊隊員原本士氣高昂，一點小失誤原本是人之常情，不會有什麼影響，但是，台上啦啦隊的噓聲卻讓失誤的人深覺愧疚，精神緊張，心理壓力越大，表現就越糟。這麼一來，乙隊更是失誤連連，使對手有機可乘，兩隊的差距一下子便拉大了。

不用說，整個比賽過程中最高興的是誰呢？瞧！甲隊教練正陰沉地站在場邊，嘴角詭異的那抹笑容是怎麼藏也藏不住的！

無論比賽或考試，我們常常勸人要保持「平常心」，不要有太多「得失心」，因爲一旦得失心過重，心理有了負擔，反而會失了往常的水準。

有句拉丁諺語說：「不要相信任何人，對任何事物都保持警覺。」對於想成

就一番志業的人而言，這句話也可以改成：「不要理會任何人，對任何事物都保持平常心。」

所謂「人言可畏」，是人言眞的可畏嗎？

不，只是「人心可畏」罷了！只要你不把別人的鼓勵和刺激變成沈重的心理壓力，不論何時何地，你都會有最好的表現。

當你對自己有足夠的信心，不再患得患失，當你對自己抱持著堅定的意念，能以平常心面對，謠言又有何可怕？

對付謠言的「三不政策」

若是對自己有足夠的信心，那麼時間必然會替你證明一切；要是對自己沒有信心，那麼你又有什麼資格否認別人的詆毀？

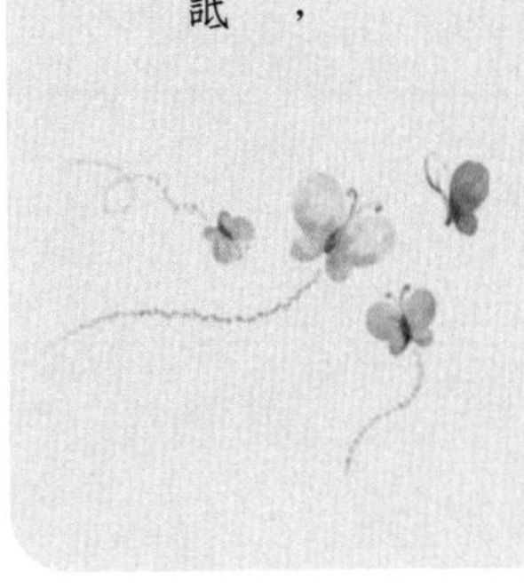

人一旦有了名氣，就難免招來流言蜚語。

這種情況就像愛迪生所說的：「沒有人低能到連編造一些醜聞去詆毀他的敵人都不會。」

謠言的力量固然可怕，但它一開始只不過是一個微小的火花，只要不去吹它，它就會自然熄滅。

讓自己的心境保持平靜，「不相信、不理會、不生氣」是對付謠言最好的「三

不政策」。

有一個記者，因爲和一家名點心店的服務生有過節，因而公報私仇，在任職的報紙上寫文章，把這家點心店批評得一文不值。他說這家點心店的包子皮過厚，手工麵條又硬又粗，簡直難以下嚥……

點心店的員工看到這篇報導之後非常生氣，紛紛向老闆建議找律師去控告那個記者胡說八道、扭曲事實。

可是，沒想到，老闆根本不把這篇報導當回事，反而胸有成竹地寄邀請函給各大媒體，邀請他們前來參觀一場「傳統麵食製作表演」。

到了表演當天，前來觀賞的民眾把點心店的門口擠得水洩不通，長長的隊伍把點心店緊緊地包裹在人潮中。

店裡頭四處張燈結彩，喜氣洋洋，非常熱鬧，只見點心店老闆衣裝筆挺，一身大師傅的架式，身手靈活就像是表演雜耍似的，幾下子的工夫，就用擀麵棍擀出薄得可以看透的包子皮。接著，就像變魔術似的，一條條細細長長的麵條一圈又一圈地掛在點心師傅手上。

師傅妙手生花，削出來的刀削麵片就像雪花似地落入滾燙的鍋內，看得大夥兒口水直流，等到一層層鬆鬆軟軟的蔥油餅起鍋時，在場圍觀的民眾已經忍不住一盤一盤地吃起來了。

現場的記者們都是現成的評審，逐一細細品嚐之後，每個人都不約而同伸出大拇指直誇好吃得不得了，還誇老闆簡直是點心界裡的「食神」。

經過各大媒體這麼一報導，點心店的生意比從前更好，每天客人絡繹不絕、高朋滿座，老闆忙著做生意，哪有時間理會那些無聊報紙的不實報導？

如果有人說你的壞話，你應該捫心自問他說的是不是事實，如果有錯，這正是糾正自己的機會，如果錯不在你，那麼你又何須對此耿耿於懷？

爲此而生氣，正是中了敵人的計。

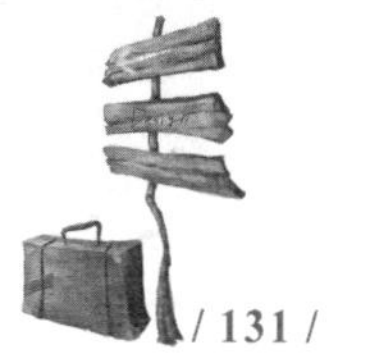

若是對自己有足夠的信心，那麼時間必然會替你證明一切；要是對自己沒有信心，那麼你又有什麼資格否認別人的詆毀？

也許你會覺得「不說話」就等於「默認」，因而想著還以顏色，試圖讓對方知道自己的厲害。

但是，這麼一來，不也就顯示了你和對方「一般見識」，反而降低了自己的格調。

最好的報復不是給敵人難看，而是讓自己過得更好，就像西塞爾所說的：「工作不懈，保持緘默，就是對毀謗者最好的答覆。」

學會放下，活在當下，「不相信、不理會、不生氣」是對付流言的最佳方法，讓我們一起來努力！

改變心境，就能改變命運

能夠為你拿走消沉念頭的，只有你自己。快樂不是命運，而是選擇；改變不快樂的想法，就等於選擇了快樂。

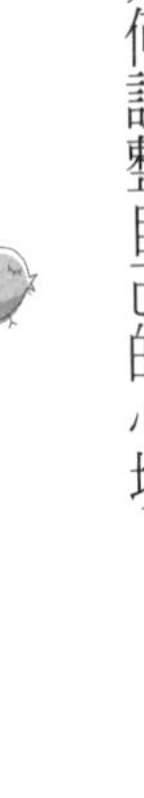

悲傷無助的時候，你會祈求老天，祈求神佛，祈求心靈的安慰。可是，你知道嗎？信仰或許可以給你力量，但能替你解決問題的卻只有你自己。

每個人都可以是解救自己的上帝，也可以是令自己沉淪的魔鬼。關鍵就在於如何調整自己的心境。

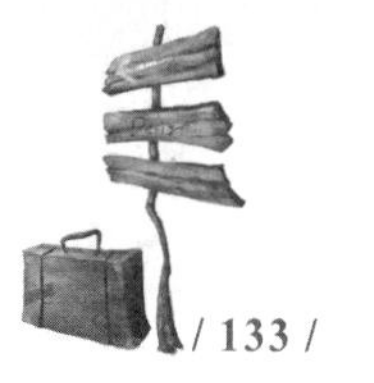

有一個人個性內向，喜好安靜，一點噪音都不能忍受，可是他的妻子卻生性活潑，一天到晚有說不完的話，兩個人經常爲此爭執不休。

後來，他們有了孩子，孩子們的個性也和媽媽一樣好說好動，一刻也不得安寧。後來，兒子又有了兒子，彷彿是家族遺傳一般，一個個唧唧喳喳，他簡直快要煩死了。懊惱的他來到了天堂，祈求上帝幫他解決這個問題。

上帝正面對著牆上自己的神像祈禱著。

這個人見了，十分納悶地問：「主啊，您是萬能的，爲什麼您也在祈禱呢？」

「自己的問題只能自己解決，你看，連我都還在祈求自己呢！你還是回去吧！」上帝在胸前劃了一個十字，無奈地對他說。

然而，這個人並不因此而打退堂鼓，繼續和上帝討價還價：「親愛的主啊，你快救救我吧！我全家上下二十口人，每個人的嘴裡都叨唸個不停，要是再待上一刻鐘，我不是被他們吵死，就是被他們的口水淹死了。」

「唉！」上帝禁不起一再哀求，只好給他出個主意：「除了人之外，你家裡還有沒有其他東西？」

「還有一隻狗、十五隻雞、二十隻鴨。」

「聽我的話，孩子，把這些東西全關到你的屋子裡，一個星期後再回來找我。」上帝這麼說。

雖然大惑不解，但是爲了表示對上帝的虔誠信任，這個人只好照辦。一個星期後，他再次來到上帝的面前。

「怎麼樣？這個方法有效嗎？」上帝問。

這個人不悅地說：「別提了，這樣一來反而更吵。人言、獸語、禽鳴、人和動物嬉戲的聲音、獸禽雞鴨打鬥的聲音……我眞是快要被煩死了，連地獄恐怕都不會這樣吧？」

上帝聽了他的抱怨，微微一笑：「孩子，回去把動物都趕出門去，打掃一下房間，一個星期後你再來見我。」

還不到一周，這個人就迫不及待地來到上帝的身邊，說道：「主啊，我實在太謝謝您了，把那些動物趕出去後，我感到了前所未有的寧靜安詳，比起動物所發出的噪音，人類的聲音實在太美妙了！」

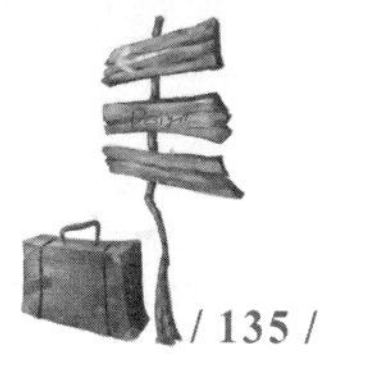

「不用感謝我，」上帝溫柔的說：「我說過，每個人的上帝只能是自己，你要謝就謝你自己吧！到我這裡之前，你住的是那樣的環境；現在，你所處的環境依然沒變呀！你能感到寧靜和安詳，完全是因爲你自己心態的改變和心靈的覺悟。」

如果現狀不可能改變，那就改變自己，調整心境接受現狀吧！要是逼著自己走上悲觀愁苦的道路，那麼連老天也幫助不了你。人最大的敵人是自己，最大的救星，也是自己。

想想看，我們是怎麼變得不快樂的，都是先有負面的想法，不是嗎？有了煩躁的想法，所以你感到煩躁，有了憂愁的想法，所以你感到憂愁，如果願意放下這些負面的想法，你又怎麼會感到不快樂呢？

能夠讓你放下這些消沉念頭的，只有你自己。快樂不是命運，而是選擇；放下不快樂的想法，就等於選擇了快樂。

不勞而獲，不是真正的收穫

若是曾經付出過、努力過，那麼你所得到的收穫將不只是一件「東西」，而是你「努力的結果」。

詩人紀伯倫在《沙與沫》裡寫道：「在人的幻想與成就之間有一段空白，只能靠他的熱望來通過。」

得不到的東西總是最好的，但最好的東西，未必是你得不到的。不勞而獲，不是真正的收穫，珍惜比擁有更重要。

某人到青藏高原旅遊，那兒草碧天藍風清雲淡，牛壯馬肥，民風淳樸，巍峨的高山，一望無際的綠地，令人心曠神怡。

在牧場門口，他看到一位牧民把裝了草的竹筐吊在很高的圍欄上餵馬，而不直接扔在地上給馬吃。他不解地問：「老先生，爲什麼要把草掛起來給馬吃呢？這不是多此一舉嗎？」

牧民微笑著說：「你有所不知，這種草的草質不好。如果撒在地上，馬兒就會不屑一顧，用蹄子挑來挑去，糟蹋得不成樣子，這麼一來，這些草就浪費掉了。但是，如果掛在馬勉強搆得到的地方，牠必須費好大的勁兒才能吃到，那麼牠就會努力地吃，直到吃個精光爲止。」

是啊，人性如此，馬性也如此，越是得不到的東西越會珍惜。

從前，有個大財主的兒子從小嬌生慣養，十分好吃懶做，二十多歲了還整天遊手好閒，無所事事。財主很擔心兒子的前途，便命令兒子到外面工作賺錢，如

果他賺到了五十塊，財主就再獎賞他一百元。

兒子出門前，財主的太太怕他在外面吃不了苦，就偷偷塞給他五十塊錢。天黑後，兒子回來了，把媽媽給他的五十塊錢交給財主，財主一把將錢扔進火爐中，兒子卻毫無反應，無動於衷。

第二天，財主仍然命令兒子到外邊賺五十塊錢回來，這一次，財主的妻子沒有再塞錢給兒子。天黑後，兒子回來了，這一天下來只賺了二十塊錢，財主再度把錢往火爐裡扔。兒子一看非常著急，冒著被燒傷的危險把手伸進火爐裡把錢搶了回來。財主看見兒子這副模樣，終於開心地笑了。

美國曾經做過一項調查，凡是中過樂透大獎的人，有百分之八十會在七年之內打回原形，甚至比原來更窮。因爲是不勞而獲的東西，所以不會珍惜；因爲是憑空而來的東西，所以可以毫不留情地揮霍。

但若是曾經付出過、努力過，那麼你所得到的收穫將不只是一件「東西」，而是你「努力的結果」，曾經流過的汗水，使你懂得珍惜。

「自信」就是最好的化妝品

人的樣貌是天生的，但是氣質卻可以靠自己創造，只要你認為自己是美麗的，你就散發著一種美麗的氣質。

法國作家莫洛亞說：「充滿自信的人多麼令人身心舒展！即使是最平常的言行舉止，也會放射出明亮的光芒。」

的確，自信是最好的化妝品，即便相貌平平的人，只要充滿自信，就能找出屬於自己的獨特魅力。

你覺得自己缺乏魅力嗎？你覺得自己不夠迷人嗎？

你覺得自己是個不受歡迎的醜小鴨嗎？

也許，你的認知沒錯，或許你眞的是這樣，但是有沒有想過，你也可以使這一切變得不一樣。

有一個女孩子，覺得自己既不漂亮又不迷人，一點也不討男孩子喜歡，感到有些自卑。

無論做任何事，對著任何人，她總是低著頭駝著背，毫無一點青春洋溢的氣息；越是這樣自卑，她就越吸引不到男孩子注意，越吸引不到男孩子注意，她就越是彎腰駝背，越覺得自己的魅力不夠。

如此惡性循環下去，你說，她的人生還能有什麼色彩呢？

一天，女孩偶然在商店裡看到一支非常漂亮的髮夾，當她戴上它的時候，全店裡的顧客都稱讚她漂亮。

還沒來得及把髮夾摘下來，她便已經興沖沖地付了錢，決定要一直戴著這支髮夾，再也不拿下來。

因爲頭上戴著一支美麗的髮夾，女孩開始昂首闊步。她捨不得把頭低下來，因爲一低下頭來，別人就欣賞不到這支美麗的髮夾了。

因爲頭上戴著一支美麗的髮夾，女孩的心情也跟著愉悅了起來，時時刻刻想著自己心愛的髮夾，嘴角也不自覺地揚起一股甜美的笑意。

奇妙的事情發生了，許多平日不太跟她打招呼的同學，紛紛主動過來與她接近，以前不曾用正眼瞧過她的男孩子，也熱情地邀請她出去玩，更有不少人向她表示好感，想要和她做朋友。

眾多寵愛集於一身，使得原本自卑自憐又死氣沉沉的她，一下子像朵花兒似地綻放了。

女孩心想，這都是因爲自己戴了這支奇妙髮夾的關係。放學後，她又再次經過商店，心想店裡似乎還有很多其他樣式的髮夾，應該買來試試。

誰知道，她才一進店門，老闆就笑嘻嘻地對她說：「我就知道妳會回來拿妳的髮夾。早上我發現它掉在地上的時候，已經看不見妳的蹤影了，所以我就暫時替妳保管了。妳眞糊塗，髮夾掉了也沒有發覺！幸好是掉在這裡，要是掉在馬路上就糟了。」

女孩這才發現，自己的頭上根本就沒有戴什麼神奇的髮夾。

想要別人喜歡你，你必須先喜歡自己。一個連自己都不能接受的人，怎麼可能要求別人接受你？

「自信」是最好的化妝品，有了自信，就會有魅力。

英國有句諺語：「想找麻煩的人，永遠不怕找不到麻煩。」

如果你只是一直盯著自己的缺點看，那麼你看到的永遠只會是自己美中不足的部份，而忽視了自己眞正美麗的地方。

人的樣貌是天生的，但是氣質卻可以靠自己創造，只要你認爲自己是美麗的，相信我，你就眞的美麗，而且散發著一種美麗的氣質。

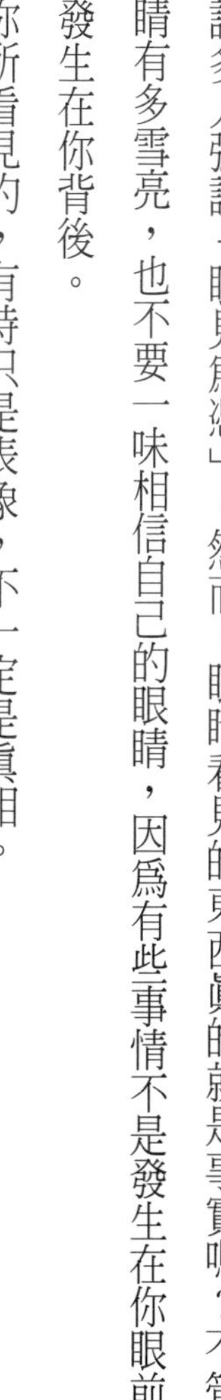

真相總是躲在看不到的地方

接受別人的意見，但永遠都要保留自己的判斷；相信自己的眼睛，但要更加留意眼睛看不見的地方。

許多人強調「眼見爲憑」，然而，眼睛看見的東西眞的就是事實嗎？不管你的眼睛有多雪亮，也不要一味相信自己的眼睛，因爲有些事情不是發生在你眼前，而是發生在你背後。

你所看見的，有時只是表象，不一定是眞相。

有一戶人家養了一條狗和一隻貓。

狗非常勤快，每當主人家中無人時，便盡忠職守地豎起兩隻耳朵，巡視主人家四周，只要有一丁點兒動靜，就會狂吠著疾奔過去，兢兢業業地爲主人家做看家護院的工作。

但是，每當主人家有人時，狗的精神便自然而然放鬆了，有時還會不自覺地躺在地上打瞌睡。

所以，在主人家的眼中，這隻狗是一隻極度懶惰、不稱職的狗，不但不肯餵飽牠，更別提賞給牠什麼好吃的了。

這家人的貓非常懶惰，只要家裡沒有人，便會伏地大睡，任憑那三五成群的老鼠在家中肆虐。

睡飽了，貓兒就到處散散步，自得其樂地玩著毛線球。

等到主人回來時，正是牠精神最飽滿的時候，這邊瞅瞅那邊望望，不時去給主人舔舔腳、逗逗趣，極其撒嬌邀寵。在主人眼中，這隻貓簡直乖巧得不得了，好吃的東西自然留給了牠。

只是由於貓的散漫懶惰，主人家老鼠肆虐，越來越多。

終於有一天，老鼠將最值錢的家具咬壞了，這令主人怒不可遏，召集家人說：「你們看，即使我們家的貓這麼勤快，老鼠依然猖狂到了這種地步，我認爲最主要的原因就是那隻懶狗，牠只會睡覺，連幫忙貓兒捉幾隻老鼠都不會，只會糟蹋糧食，對我們家一點兒貢獻都沒有。我鄭重宣佈，把狗趕出家門，我們再養一隻貓。大家覺得如何？」

家人紛紛附和同意了。於是，這隻勤快忠心的狗被趕出了家門，自始至終，都不明白爲什麼自己會被趕走，牠只看到那隻肥得幾乎動不了的貓在牠身後竊竊地笑著。

壞人力求表現，好人默默耕耘，結果壞人升官發財，好人平凡庸碌過一生，你說這樣公平嗎？

不管公不公平，這就是現實的人生！不要感嘆人性可悲，因爲你也是人，換

作你是那家的主人，看見懶惰的狗和勤快的貓，你也一樣會瞎了眼睛，把狗趕出家門。

人人都只相信自己眼睛看見的東西，所以這個世界沒有眞相，只有表象。相信表象，容易受小人蒙蔽；追求眞相，你所看見的只是人爲的假相，這就是我們的社會。

你所能做的，只是對壞人寬容一點，對好人謹慎一點；接受別人的意見，但永遠都要保留自己的判斷。人當然要相信自己的眼睛，但要更加留意眼睛看不見的地方。

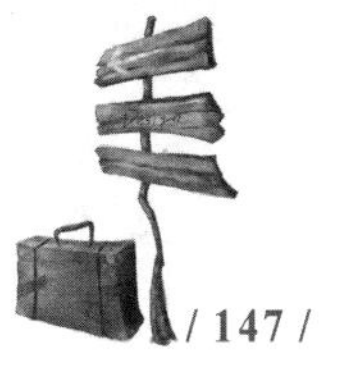

人生可以平凡，但不可以沒有內涵

藝術可以平凡，但是不可以平庸；人生可以平凡，但不可以沒有內涵。做人如同作畫，卻比作畫更難。

納珍曾說：「偉大的藝術作品像偉大的音樂一樣，是瘋狂而不合理的，但它的狂妄和不合理之處卻最令人喜愛。」

讓人喜愛又經得起時間考驗的東西，都是充滿豐厚內涵的。

人生就像一塊畫布，我們要學著運用彩筆增添畫布的深度，唯有不斷充實自己的內涵，才能悠遊自在地過自己的幸福人生。

北宋徽宗時期舉行一次畫院考試，由皇帝親自出題選才。全國的書畫人才紛紛報名參試，希望能金榜題名天下聞。

宋徽宗以一句古詩爲題，要赴試的書生們照著詩意在紙上畫出來，題目是「深山藏古寺」。

這對飽讀詩書的考生們來說只是個雕蟲小技，許多考生一看到題目，立即著墨，都覺得非常簡單。

每一幅交出來的作品都以高聳蒼鬱、雲霧縹緲的深山爲主景，隱約從樹林裡露出廟宇的飛簷一角。

考生們各顯神通，每個人都有不同的畫風，有的作品十分華麗壯觀，有的作品以輕靈娟秀取勝。

宋徽宗一一觀賞所有考生的作品，覺得畫功是不錯，可惜每一幅作品皆大同小異，沒有特別出色之處。閱覽了許久，他的臉上都沒有什麼表情，直到看到一幅平實無華的畫時，眼睛才爲之一亮，頻頻呼好、拍案叫絕。

這幅畫沒有高聳入雲的深山，也看不見廟宇的飛簷，只簡單地畫著層層山巒

和一位老和尚在山腳的溪邊挑水。

這種比喻眞是太妙了！「深山藏古寺」的立意在於「藏」這個字，作者以和尚點出古寺，以山腳襯托深山，比詩境更有詩意，彷彿就是古人的情懷一般，自然金榜題名，奪得了第一。

賀瑞斯說：「圖畫是無字之詩。」

沒有文字，卻能表現出詩文的境界，一幅好畫比一首好詩更雋永，就像內斂含光的人比鋒芒畢露的人更被世人推崇一樣。

不管是作畫或做人，「內在之美」才是最難得的美。

有的藝術值得品嘗，有的藝術值得呑嚥，只有很少數的藝術值得細細咀嚼。藝術可以平凡，但是不可以平庸；人生可以平凡，但不可以沒有內涵。

做人如同作畫，卻比作畫更難。

每個人都是解決問題的高手

不少人也和狐狸一樣老想著朋友的幫忙，面對問題或危機，總是乞求著別人能伸出援手，卻不願自己先想辦法解決。

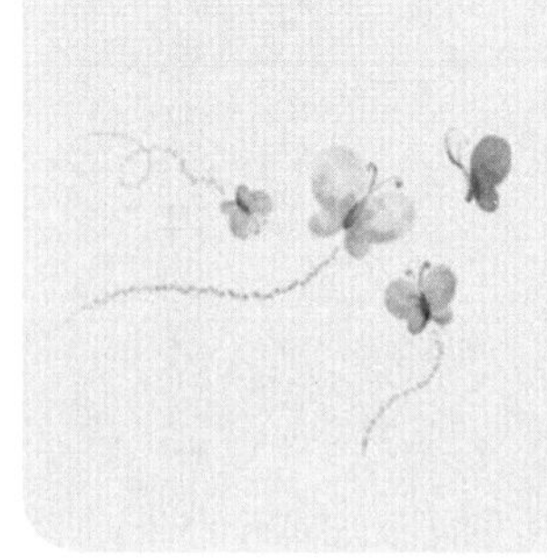

仔細想一想，當我們找尋專家解決問題之前，是否曾認眞地面對問題，用心地想著解決的辦法呢？

再有名的專家，頂多也只能給你一些指引，不會也不能幫助你把問題解決。所有的問題最終還是要靠我們自己動腦、動手，才能迎刃而解，因此，想尋找靠山的人，還是回頭看一看自己吧。

有一隻嘴饞的狐狸正試著翻越高牆，溜進果園裡去偷食物。

就在這個時候，突然「碰」的一聲，狐狸從這堵高牆上掉了下來！

其實，情況是這樣的，狐狸原本已抓住了攀附在牆上的荊棘，但是不知道爲什麼，忽然雙腳一滑，就這麼從高牆上墜了下來。

緊急之時，狐狸反射地伸手抓住荊棘救命，但是腳爪卻被荊棘刺得鮮血淋漓，在受不了疼痛的情況下，慌慌張張地鬆開了手，然後便這麼「碰」地一聲，掉落地面。

跌坐在地上的狐狸有點惱羞成怒，從地上爬了起來後，憤怒地對著荊棘怒吼：「喂！你不幫忙我就算了，幹嘛要害我啊？」

荊棘一聽，冷笑著說：「朋友，您錯估情況了吧？我自己都要依附著別人過生活了，你怎麼會想依賴我呢？不如看開點，自認倒霉吧！」

想從別人身上得到幫助的狐狸，最後卻因爲找錯了靠山而跌個四腳朝天，慘狀實在令人啼笑皆非。

不過，從這小小的寓言故事，似乎也讓人更加看清了現實的環境。不少人也和狐狸一樣老想著朋友的幫忙，面對問題或危機，總是乞求著別人能伸出援手，卻不願自己先想辦法解決，當別人無暇協助時，便始埋怨環境、親友，甚至怒斥社會現實與冷漠。

但是，情況眞的如此嗎？

事實上，許多人盼望的不是動手找出解決問題的辦法，而是想著的是：「到底有沒有人能幫我把問題解決？」

有句偈語寫道：「好把繩頭牢穩住，莫隨流水任漂蓬」，只要能守穩自己，遇見危險，我們不必假他人之手，自己便是化解難題的高人。

PART 5

適時讓自己的心境歸零

無論你有多成功或是多失敗，

每隔一段時間，

請記得把自己「歸零」，

回到最初的位置，重新思考自己的人生。

有正確心態，未來才值得期待

人生成與敗，全在於人們一念之間，只有擁有正確的心態，你的未來才值得期待。

一夕致富幾乎是所有人的夢想，然而，當機會眞的如你所願來臨時，你有能力好好把握嗎？

人的成功不只是靠運氣，更要靠自己的努力。運氣來了，上帝自然會爲你開一扇窗；但若是你不夠努力，這扇窗不但沒有辦法通往成功的道路，還有可能從此替你開了一個破洞！

有個人非常想發財，見到人家賣礦泉水賣得好，就有樣學樣地出發去尋找水源，希望也可以藉此致富。

他搭乘了三天三夜的火車，又換乘汽車一直來到公路盡頭，接著，徒步行走了好幾天的路，終於來到高山上，找到了未開發的水源。

經過取樣化驗，這裡的水不僅含有數十種有益人體健康的微量元素，更可貴的是，這裡的水沒受過任何污染，比市面上販售的各種礦泉水更天然，是不可多得的純淨好水。

賣水的利潤可以說是所有行業之最，也是發大財最迅速的一條路。這個人覓得如此好水，自然欣喜若狂，立刻向銀行貸款，在水源邊修路設廠，開始投資礦泉水事業。

好不容易第一批產品出來了，他信心十足地投入市場，沒想到經過衛生署檢驗，這批水所含的細菌值卻超過標準。他檢查了每一個生產環節都找不出原因，只好再回頭化驗從發源地流出來的水，一檢查，發現問題正出在這裡，這裡的水不知何時已被嚴重污染。

這個人投入了畢生積蓄來經營水事業，現在只能欲哭無淚，急著詢問專家有沒有解決之道。專家說，如果從現在起完全停用，細加保養，那麼十年之後或許還能重新啟用，投入生產，但是想要恢復到從前的純淨，恐怕是不可能了。

聽了專家的話，這個人霎時感到五雷轟頂、晴天霹靂。

原本純淨甘醇的水，究竟是什麼時候遭受污染的呢？

其實，罪魁禍首正是他自己，他在水源邊修路建廠，又請來工人無數，泉水想要不受污染也難！

許多成功的商人都說：「如果一個人做生意的目的僅僅是為了賺錢，那麼他肯定賺不了錢。」

做生意的出發點不應該是錢，而應該是一個「好的想法」。把「好的想法」

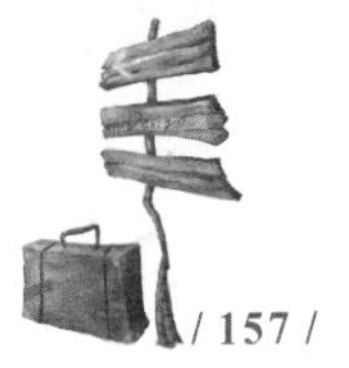

實踐，造福別人，錢財自然滾滾而來；若本末倒置，單單是爲了錢而沒有「好的想法」，又怎麼可能會成功呢？

一旦操之過急，救你的，也有可能變成是害你的。急躁、盲目無法成就大事，就像泉水本來是純淨，正是因爲人的貪念所以才會遭受到污染，正是因爲人的自私所以才改變了品質。

人生的成與敗，其實全在於人們一念之間，只有擁有正確的心態，你的未來才值得期待。

懂得遺忘，才有新希望

把埋怨的力氣化作前進的動力，試著從失望的谷底發現希望的種子。過去和未來不可能並存，除了把過去搬走，你還能用什麼態度面對人生？

痛苦與歡樂就像光明與黑暗互相交替，只有知道怎樣適應它們，跟它們和平共處的人，才懂得怎樣生活。

很多時候，可怕的不是事情本身，而是我們面對事情的態度。

人生難免遭遇失意、挫折，也難免遭遇傷心事，但是千萬別用無法改變的過去折磨自己，唯有學會放下，活在當下，才不至於讓事態繼續惡化，終日活在愁雲慘霧之中。

古代印度有一個國王，不但治國有方，國家廣大而強盛，還得到了一個美若天仙的女子做他的王妃，夫妻倆相親相愛、琴瑟和諧，國王簡直享盡了世間所有的榮華富貴。

然而好景不長、天妒紅顏，沒過幾年，國王的愛妃就得了絕症，即使是神醫也束手無策，挽救不了王妃的香消玉隕。

國王哀痛欲絕，爲王妃舉辦了盛大的葬禮，請來全國最好的工匠，用最好的木材爲王妃做了一副美輪美奐的棺柩。

爲了可以每天都見到王妃，國王下令把棺柩放在王宮旁的空地上，只要一有時間，他就會來這裡陪伴王妃，悼念過去曾經擁有的美好時光。

時日漸遠，國王覺著這靈殿附近的景色太單調貧乏，配不上王妃清秀高雅的容顏，於是下令在四周大興土木、修建花園，從全國各地搜尋奇花異草，把花園佈置得五顏六色。

花園建成以後，國王總覺得還欠缺些什麼，又下令引來恆河的水，在花園內建成一個像玉帶般優美的人工河流。

有了河流之後，國王又修造亭台樓閣，還請來一流的雕刻家製作精美的雕塑。這座花園的每一處都看得見國王的巧思，但他總不滿意這個園林，這邊加一點，那邊修一點，一直不斷地加以擴充。終其一生，國王都在苦苦思索怎麼樣使這座絕世園林更加完美，更能襯托出王妃高貴典雅的氣質。

然而，有一天，國王的目光落在王妃的棺柩上，這是座絕世美妙的園林，有副棺柩停在這裡，實在顯得不太搭調。於是，國王揮了揮手，向身邊的侍衛說：「把它搬走吧！」

國王為了映襯王妃的美麗而不斷把園林修築得更美，卻在一次又一次的加工之後忘了原本的初衷，反而覺得王妃的靈柩配不上絕美的莊園。或許可以這麼說，時間給予人們最大的禮物，叫做「遺忘」。

有所遺忘，才會有進步。

逝者已矣，活著的人卻仍然必須面對自己的人生。遺忘使人繼續向前走，雖然到最後走不到原本的目的地，卻往往意外獲得了另一片桃花源。

美國勵志作家布魯克斯提醒我：「生活中最大的危機，就是試圖逃避現實。許多事實都證明，越想逃避現實，只會讓你活得越痛苦。」

不論眼前的際遇有多悲慘，你都要選擇勇敢面對，把埋怨的力氣化作前進的動力，試著從失望的谷底發現希望的種子。

沉浸於過去的人不代表深情，更大的可能是不求長進。事易時移，過去和未來不可能並存，除了把過去搬走，你還能用什麼態度面對人生？

適時讓自己的心境歸零

無論你有多成功或是多失敗，每隔一段時間，請記得把自己「歸零」，回到最初的位置，重新思考自己的人生。

日本知名作家池田大作，曾在他的著作裡告訴我們一個不變的定律：「成功常會成為下一個失敗的原因，反之，任何失敗也都可能因為智慧和努力，而成為下一次大成功的原因。」

成功的經驗是一種肯定，如果不能繼續往上走，那麼就只能開始走下坡了。失敗的過去則是借鏡，如果不懂得放下，就會一直活在過去的陰影。

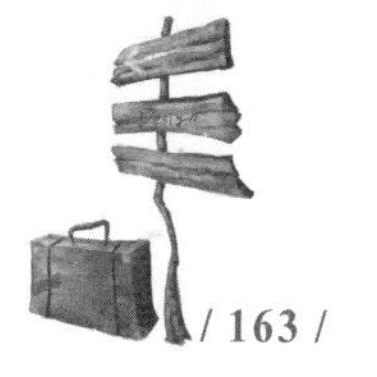

有一位作家寫了一部暢銷小說之後，一下子議論紛紛、知名度大增。

作家備感自豪，每天翻看讀者來信，聆聽溢美之詞，總覺得讀者是他的知音，對自己的創作也更加滿意，並由此總結出許多成功的法則，想要把它們運用到今後的作品裡。

可是，事隔多年，這位作家始終沒能寫出可以和第一部小說相媲美的作品，因爲他時時拿過去的成功法則做參考，下筆時往往投鼠忌器，導致無法超越自己。

以成功作爲墊腳石，不一定能爬得更高，有時反而會絆倒。只有抛開過去，才能更自在地飛翔。

一位中學老師接管了一個人人避之不及的放牛班。

這個班級素以壞學生多、搗蛋事故多而聞名全校。這位老師接手後的第一件事，就是當著全班的面銷毀過去的學生檔案、成績單等資料，讓那些記載著學生過去歷史的文件付之一炬。

這位老師告訴學生：「我不知道你們每一個人的過去，所以大家在我心中都是平等的。現在，你們是嶄新的、空白的，要成爲優秀的學生或是低劣的學生，全都在於你們自己，請你們珍惜和愛護自己的形象。」

一年之後，這個原本被認爲無可救藥的班級，以「品學兼優」而被評選爲該學年度的「優良班級」。

「過去」替我們貼上了標籤，我們忘不了自己是什麼樣的人，忘不了自己曾做過些什麼事，當然也無法改變自己，成爲一個全新的人。做人如果一直回頭望，未來的路又怎麼會走得好？

作家霍布斯曾說：「幸福是一個不斷渴望的過程，從一個目標到另一個目標，達到前者，就開闢了通向後者的道路。」

的確，如果你能夠瞭解生命是實踐願望的過程，不在於一時的好壞成敗，那麼你就能珍惜當下的一分一秒，不再爲無法改變的過去黯然神傷。

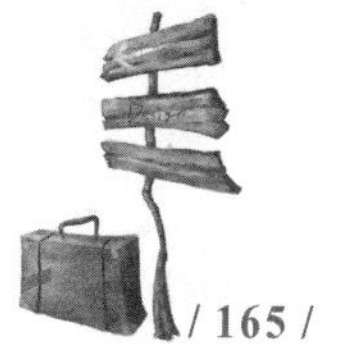

無論過去如何，你都應當活在當下，透過正面積極的想法，激發全新的能量，讓自己重新開始。只有放下過去，才可以重新出發。「歸零」是一件很重要的工作，無論你有多成功或是多失敗，每隔一段時間，請記得把自己「歸零」。

回到最初的位置，重新思考自己的人生。只有「空」的心、「空」的人、「空」的過去，才有可能獲得最大的收穫。

追求平衡圓融的人生

世事都是相對的，誰也不知道下一秒鐘會發生什麼事情，
你又何必浪費這一秒鐘為你的未來傷心呢？

開始和結束、生命與死亡、快樂和痛苦、成功與失敗……世界上有很多事情都是相對的。了解其中一樣，代表你也必須接受相對的另一樣。

人生本來就是一個套餐，不可能只挑好的不要壞的。你不能自行選擇，只能試著去平衡、適應。

某位心理學家曾經研究過一個問題：爲什麼飛機的機身都是淺色系，而火車

頭卻都是深色的呢？

經過一番思索，心理學家得出一個結論。他發現，像飛機這樣的龐然大物，沉重的機身像個巨大鉛塊，光是在空中飛行，就已經讓坐在裡面，或是站在地上的人有一種壓迫不安的感覺了，如果再漆上深顏色，豈不會讓人感覺重上加重？

而火車頭的任務是牽引長長的車廂，漆上深色會顯得比較穩重，讓人覺得充滿力量，足以拖拉後面的車廂。

最後，這位心理學家說，無論是人類的生命、生活和行為，都必須在協調的狀況之下，才能夠安適。輕與重、深和淺，搭配得宜，就能夠平衡；搭配得不好，就會失衡。

世間的事物往往都是相對的。

麥克阿瑟將軍在回憶錄裡寫道，小的時候，父親教導他：「如果你拿到四張Q，先不用得意，因為我手中可能會有四張老K。任何事都是相對的，天底下沒有絕對的事。」

愛因斯坦也舉過一個淺顯的例子來解釋他的相對論，他說：「如果你和一個美麗的女子坐在一起，一小時就像一分鐘；可是，如果你獨自一個人坐在燒熱的火爐旁邊，一分鐘就好像一小時。」

世事都是相對的，沒有絕對。人生追求的不是絕對的好或絕對的壞，我們只要想辦法在生活的好壞中取得平衡，就是一種最圓融的人生。

沒有人希望快樂的時刻結束，但是，快樂是怎麼開始的呢？你從來也不知道快樂是怎麼來的，不是嗎？

開始就像結束，驟來也驟去，世事總是相對的，有開始，就會有結束。但是，你不用太悲觀，因爲結束不也意味著下一次開始嗎？

大富大貴時不需得意，窮途末路也千萬別灰心，因爲地球是圓的，風水輪流轉，世事都是相對的。

誰也不知道下一秒鐘會發生什麼事情，你又何必浪費這一秒鐘爲你的未來傷心呢？

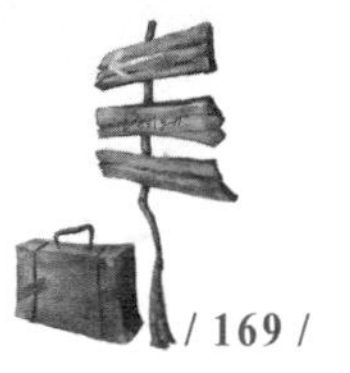

看重自己，才能贏得尊重

丟臉或有尊嚴，都是自找的。如果你肯花時間替自己化妝，那麼也請你珍惜這個得來不易的「面子」。

培根曾說：「任何本領，都沒有比良好的品格與態度更易受人歡迎，更易謀得高尚的職位。」

你認爲自己已經具備了良好的品格與態度，具備了謀得更高尚職位的一身好本領了嗎？

日本經營之神松下幸之助曾說：「不管是經營者或是企業員工，都要有正確的人生觀、事業觀，以及正確的服務觀念。」

經濟不景氣而又競爭激烈的年代，幾乎所有想要存活的企業，都挖空心思地改善自己的服務品質。身爲公司的一員，每個人也要有這樣的自覺：必須不斷增強自己的能力與工作態度。

有一家外商經營的五星級大飯店以嚴格的職前訓練聞名。

他們培訓員工的第一課，就是十三個醒目的大字：「面子是別人給的，臉是自己丟的！」

第二課更是嚇人：「身爲本飯店的員工，就要徹底轉變觀念，要做那些你不願意做的事情。」

飯店要求所有的員工，不管是男孩或女孩都要按照規定的標準，剪掉長髮，只能蓄短髮。上班的第二天由主任一個個檢查，檢查完畢之後，主任突然指著一個十分漂亮的女孩子說：「妳回家吧，妳被fire了！」

女孩不解地問：「爲什麼？」

「妳自己最清楚！我們這裡不需要欺騙顧客的服務生！」在主任嚴厲指責下，那名女孩不發一言，默默地離開了。

事後，主任嚴肅地告訴大家：「她寧可不要飯碗也捨不得剪掉長髮，爲了應付檢查而戴上假髮，我們飯店絕對不能忍受這種欺騙的行徑！」

不只是職前訓練嚴格，這家飯店的服務態度更是一流。

一次，一個外國客人藉酒尋歡，色瞇瞇地盯住服務人員說：「親愛的小姐，如果妳不介意的話，我可以吻妳一下嗎？」

怎麼？服務生還要兼職當酒家女嗎？

這麼尷尬的場面之下，只見服務生不慌不忙，彬彬有禮地伸出左手背：「先生，您請吻吧！」

這種機智的做法一方面既保住了對方的面子，讓對方知難而退；另一方面又顯示出女性的禮貌和尊嚴。人必先自重而後人重之，服務生的機智與敬業精神自然不在話下。

這家飯店不只訓練員工的職能，更苛刻地培訓員工的品德，使人從中快速地成長。從這家飯店跳槽的員工，在各行各業均有極大的成就，因爲他們深刻了解：面子不能光靠別人給，而是要靠自己爭取來的。

沒有人可以看不起你，除非你自己先看不起自己；沒有人會尊重你，如果你自己都不尊重自己。

孟德斯鳩曾說：「衡量一個人真實的品格，是看他在知道沒有人會發覺時，都做些什麼。」

換句話說，可以評斷你眞正人格的人，只有你自己，也只有你才可以主宰自己要成爲一個什麼樣的人。

當你看重自己，別人也會對你刮目相看，當你輕視自己，你又怎麼可能指望別人看得起你？

丟臉或有尊嚴，都是自找的。如果你肯花時間替自己化妝，那麼也請你珍惜這個得來不易的「面子」。

懂得道歉才是贏家

假如三言兩語就能免於兵戎相見，那麼你究竟是贏家還是輸家？道歉是息事寧人，也是勝利之道。

美國幽默作家馬克吐溫有一次在發表演說時脫口而出：「美國國會議員有一半是傻瓜。」

此話一出，國會議員認爲這句話對他們已經造成侮辱，要求他公開道歉。

馬克吐溫欣然接受，隔天就在報紙刊登啓示說：「本人對於這次的言論深感抱歉，因爲美國國會議員有一半不是傻瓜。」

做錯事就應該道歉，但道歉的藝術，你懂嗎？

兩位大學同窗畢業之後一起進入演藝圈闖蕩，他們兩人的才氣不相上下，在校時就已經相當突出。兩個人雖然彼此惺惺相惜，但也難免因爲瑜亮情結而暗中較勁。

雖然兩個人都身處演藝圈，但其中一位選擇當導演，另一位則選擇當演員。經過一段時間磨練，兩人都在工作崗位上表現得既稱職又出色，各自擁有一片天。

有一次，他們兩人合作拍一部電影。這個導演對於演員一向要求嚴格，執導的過程中，雖然是自己的同學也毫不留情地加以指責，一點面子也不留給對方。然而已經赫赫有名的老同學也總是有自己的意見，不肯輕言妥協。所以，片場的火藥味很濃，工作氣氛一點兒也不愉快。

某一天，導演因爲幾個連續鏡頭一直拍不好，不禁怒火中燒，對著老同學大發脾氣，一句不經過大腦的重話終於脫口而出：「我從來沒見過像你這麼爛的演員！」

從來沒有人敢這麼直接地斥責這位名演員，他愣了一會兒，隨即走進休息室，不肯再出來繼續拍戲。經過衆人好言相勸，導演也知道自己剛才的話太過分了，只好摸著鼻子走進休息室，對老同學說：「你也知道的，人在生氣時都會口不擇言，可是冷靜下來想了想……」

名演員一聽，對方是來道歉的，不禁把腦袋抬得高高的，一副跩得二五八萬的模樣。

導演一見到他那副了不起的姿態，一時氣憤，把原本要道歉的話又硬生生地收了回去，支支吾吾接著說：「我……我想了想……還是覺得你是個很爛的演員！」

此話一出，後果可想而知了。名演員當下拒演這部電影，兩位老同學從此不相往來。

後來，這名演員患了重病，臨死前的唯一心願，就是希望見導演最後一面。導演聽了，急忙趕到醫院，見到老同學身臥病榻的模樣，只感到後悔莫及。

在名演員嚥下最後一口氣前，導演淚流滿面地對他說：「我當時說的話只是爲了氣你的，我發誓，你是個不可多得的好演員，你是我這輩子所見過最好的演員！」

名演員注視著曾經相知相惜的同窗好友，含笑而逝。

雖然兩人多年的心結解開，誤會終於冰釋，只可惜好景不在，人事已非。錯過的時光永遠只能錯過，不可能再重來。

你喜歡跟人道歉嗎？

絕大多數的人都不喜歡！道歉是多麼難以啓齒的事，道歉是多麼低聲下氣的事，錯不在我，我爲什麼要先低頭？

兵法有云，不戰而能屈人之兵，這才是最厲害的戰術。假如三言兩語就能免於兵戎相見，那麼你究竟是贏家還是輸家？

道歉是息事寧人，也是勝利之道，先道歉的人才是大勇者。

無關乎對錯，道歉是一種修養，一種風度。死不認錯只能替你掙得一口氣，並不能贏回你的面子和裡子。

讓責任心超越私心

要提醒自己，除了任性和私心，我們還有責任，面對一切的人際糾葛，不妨就用平常心去面對吧！

有句話說：「患難見眞情」，這句話也可以說成「患難見眞性」，因爲人性的好壞優劣，只有遇到危難時，才會誠實地被激發出來。

朋友有難，我們一定會力挺到底，但是，換成是和你老死不相往來的宿敵突然遭遇不測，你會選擇伸出援手，還是在一旁幸災樂禍？

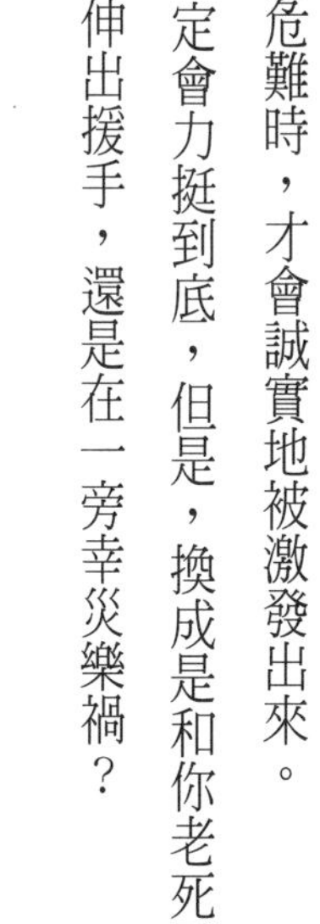

一個病人來到醫院掛急診，只見他全身浮腫，皮膚已呈黃色，已經病入膏肓。值班醫生費雪爲他檢查之後，認爲他染上當時流行的瘟疫，而且已經病到末期，沒有辦法醫治了，於是囑咐病人趕緊回去「料理後事」吧！

病人家屬聽了，個個哭喪著臉，哀求大夫再想辦法救救病人，費雪醫生無奈地搖搖頭，離開了急診室。

不久，換班時間到了，前來接班的是葉醫生。在家屬苦苦哀求下，葉醫生重新爲病人診視一遍，發現病人的症狀其實是由於長期使用一種有毒性的蚊香引起的，並沒有外觀看起來那麼嚴重。於是，他給病人開了一副解毒藥，病人服下後，馬上就痊癒了。

這件事很快就傳遍了整家醫院上下，最不高興聽到這個消息的，當然是起先宣佈病人不治的費雪醫生。同行相忌，自己沒法子救的人居然被別人輕輕鬆鬆地給救活了，還搞得謠言滿天飛，叫自己情何以堪哪？

費雪覺得葉醫生是有意貶低別人，抬高自己。

費雪越想越生氣，爲了表明自己的立場，他在自己的辦公室門前掛上一塊匾

額，取名爲「掃葉莊」。

葉醫生聞訊後，也不甘示弱，把自己的書房更名爲「踏雪齋」，兩人從此不相往來。

事隔數年之後，葉醫生八十多歲的老母親病了，按理應該讓她服用「白虎湯」，但是葉醫生擔心「白虎湯」的藥力太猛，老人家體質孱弱，恐怕承受不起，所以遲遲不敢使用，只開了幾帖效力較緩的藥給母親服用，結果病情始終不見好轉。

費雪聽說了此事之後，在其他醫生轉述下了解到葉老太太的病情，便極力主張說：「老太太這個病非用白虎湯不可。其實，只要對症下藥，藥力猛一點又有什麼關係呢？」

葉醫生輾轉聽到這些話，虛心採納費雪的意見，大膽下藥，母親的病果然好了。爲此，葉醫生親自上「掃葉莊」向費雪致謝。

費雪對葉醫生說：「我是醫生，救人是我的職責，我怎麼可以有私心呢？」

二人從此盡釋前嫌，結爲好友。

大陸劇《神醫喜來樂》中有一段話頗得我們玩味：「我是醫生，我的職責就是救人，不只是人，就算是狗我也得醫。如果我醫好了牠之後，牠反咬我一口，下一次牠生病了，我還是得替牠醫。」

醫生的使命感，應該遠遠超越人的私心，爲人處世又何嘗不該如此？人性很妙，非到危及關頭，你不會知道誰是朋友誰是敵人。一向自稱是你朋友的人，很可能在關鍵時刻踩你一腳；一直和你不對頭的人，也可能在你需要時拉你一把。

因爲，人不只是人，我們還有比「人」更崇高的身分。

要提醒自己，除了任性和私心，我們還有責任，面對一切的人際糾葛，不妨就用平常心去面對吧！

誘之以利要適可而止

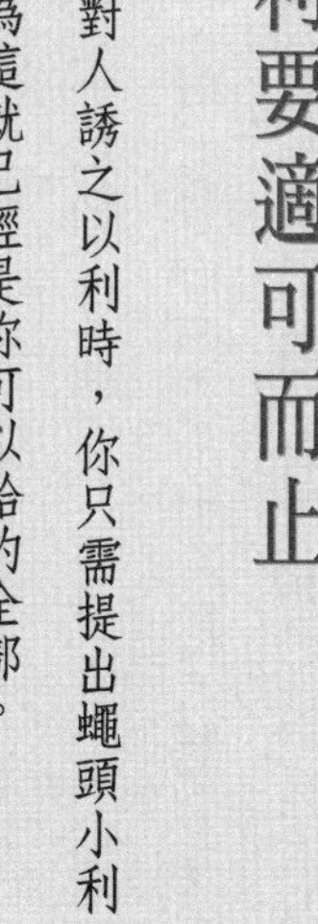

當你試圖對人誘之以利時，你只需提出蠅頭小利，且必須讓對方以為這就已經是你可以給的全部。

法國文豪巴爾札克在《邦斯舅舅》一書裡寫下一句名言：「貪心好比一個套結，把人的心越套越緊，結果把理智閉塞了。」

利用「貪念」可以激發人的行動，但也可能引起別人更大的貪念，導致對方採取觀望態度，遲遲不肯行動。

從前希臘有位公主，心愛的波斯貓走失了。公主為此鎮日愁眉不展，非常難過，國王於是通令全國：誰要是能把這隻波斯貓找回來，就賞賜他十塊金幣。並且命宮廷最好的畫師畫了數千幅貓的畫像貼在全國各地。

送貓回來的人絡繹不絕，但都不是公主丟失的那一隻。

公主不禁想到，也許是撿到貓的那個人嫌錢少，那可是一隻血統純正的波斯貓，怎麼可能只值十塊金幣？

公主把這個想法告訴國王，國王立刻把懸賞獎金提高到五十塊金幣。

一個流浪漢在宮廷的花園外面撿到了那隻波斯貓，看到皇宮貼出來的告示，打算隔天一早就抱著貓去領那五十塊金幣。

第二天早上，當他經過一家商店時，看到牆上貼的告示已變成一百塊金幣。流浪漢又回到他的破茅屋，重新把貓兒藏好，既然獎金不斷提高，如果他現在就把貓還回去，不是虧大了嗎？

第三天，他又跑去看告示，不出所料，獎金又漲到一百五十塊金幣。

接下來的幾天裡，流浪漢沒有離開過貼告示的牆壁。獎金不停地上漲，流浪

漢心花怒放，好不高興。

等到獎金漲到令全國人民都咋舌時，流浪漢終於決定返回他的茅屋帶貓兒進宮去領賞。

可是，這隻貓從小嬌生慣養，吃的都是大魚大肉，哪裡能夠忍受幾天幾夜飢寒交迫的生活，當流浪漢抱起他的搖錢樹時，這隻貓早就已經成爲一隻死貓了。

故事中的流浪漢因爲貪心不足，反而喪失了一次發大財的機會。太貪心的結果，只會使人連原本的都失去。

但是反過來想，若不是公主一再提高賞金激發人的貪念，貓兒又怎麼會遲遲回不了家，以致於餓死在外呢？

利用別人的貪念，非但無法達成目標，還有可能造成自己更大的損失。

因此，當你試圖對人誘之以利時，只需提出蠅頭小利，且必須讓對方以爲這就已經是你可以給的全部。

有實力，也要有一點運氣

人生講求的是實力，卻也需要一點機運。面對無常人生，我們只能盡其所能地努力，然後把一切交給命運。

人生的美好，往往都在意料之外。

隨便填幾個號碼，竟然就中了大獎！塞車沒趕上飛機，那班飛機偏偏出了事。因爲始料未及，所以才覺得驚喜，感受才特別深刻。

美好的意外，總是讓人忘了那只不過是個意外，然而，人生並不是永遠都可以這麼幸運的。

在那一屆相當具有權威的「生活攝影大賽」中，小賴終於獲得金牌獎，從千千萬萬的攝影愛好者中脫穎而出，一舉奪魁。

當小賴被音樂和掌聲簇擁著上台致詞時，第一句話便說：「其實，那不是我最好的作品……」

台上台下一片譁然，以爲小賴故弄玄虛，誰知他講的是事實。

半年前，小賴家中意外失火，照片底片全部付之一炬，參加比賽的那幅相片是他覺得不滿意而淘汰下來的，因爲被小孩拿去學校玩才得以倖存。

衆人聽了事情經過，更加折服於小賴的才氣，連淘汰的照片都可以獲得金牌獎，可見那些在大火中化爲灰燼的作品，不知道有多麼的好。

金獎加身使得小賴信心倍增，下一屆大賽時，他更加精挑細選全力以赴，送出自己認爲最滿意的作品，但是卻沒有再次受到評審的青睞。

再下一屆，下下一屆，每一次他都卯足了全勁參加比賽，卻終究沒能再抱回一座獎牌。

大家都忘了，小賴獲得金牌獎之前，情況其實也是如此，他也曾數度參加比賽，卻都空手而返。

是小賴實力不足嗎？或許應該說，是機運未到而已。

大家都有類似的經驗：熬了幾天幾夜精心準備的報告，被人批評得體無完膚，但是靈機一動脫口而出的一句話，竟然就贏得了衆人的賞識。有心栽花花不開，無心插柳柳成蔭，世事就是這麼奇妙，你說是嗎？

不可否認，人生講求的是實力，卻也需要一點機運。面對無常人生，我們只能盡其所能地努力，然後把一切交給命運。

成功了固然可喜，失敗了也不用氣餒。學會放下，活在當下，「得之我幸，不得我命」，做人可以不用表演給別人看，卻不能不表現給自己看。

PART 6

心中有夢，就要付諸行動

你是否看見了自己手中的夢想種子？
那麼，何不現在將這顆種子種下，
並且告訴自己：「我要實踐自己的夢想！
我要有更積極的作為！」

成功的訣竅就是一步接著一步

積極地向前踏去！成功至今還沒有人找到捷徑，「積極累積」無疑就是達到目標的唯一辦法。

累積人生經驗之所以那麼重要，是因爲少了這些經歷，我們便少累積一步邁向成功的步伐。

因此，當大多數人害怕地閃躲著眼前難關時，了解了成功訣竅的人便不該躲避它，而該試著迎向它。

唯有克服它，走過它，我們才能信心滿滿地踏著那足跡深刻的腳印，繼續往成功的道路邁進！

有位著名的行銷大師就快退休了，在告別公司之前，同事們邀請大師將畢生所學轉授大家，不吝於分享經驗的行銷大師也一口答應了。

這天，會場上座無虛席，每個人無不引頸盼望著大師快快現身，台下的同事們也熱烈談論著他的成功事蹟。

紅色的幕簾徐徐地拉開，卻見舞台的正中央吊了一個巨大的鐵球，爲了這個鐵球，台上還搭起了一個高大的鐵架。

就在這個時候，響起了如雷的掌聲，台上出現了一個穿著紅色運動服與白布鞋的老人身影。

行銷大師走出來了，在掌聲中慢慢移動到鐵架身邊。

台下人們全神專注地看著他，當然，沒有人知道他想要做什麼。隨即，兩位工作人員抬著一個大鐵鎚出現，擺放到了行銷大師面前。

然後，大師對這兩位工作人員說：「請你們分別舉起這個大鎚子敲打那個鐵球，直到它可以自由擺盪。」

一位工作人員掄起超大的鎚子奮力一擊，卻只擊出了一個振耳的聲響，吊球則一動也不動。另一位跟著抱起了鐵鎚，接二連三地砸向吊球，過了一會兒只見他氣喘吁吁，可是球卻像被釘住了，怎麼敲也敲不動。

會場上一片寂靜，這時行銷大師從口袋裡掏出了一把小鎚子，然後認真地面對著那顆巨大的鐵球慢慢地敲打著。小鎚子打著鐵球身上的聲音十分清脆，只是仍然起不了任何作用。

大家雖然奇怪著老人家反覆敲打的動作，卻也沒有人立即提出質疑。

十分鐘、二十分鐘，三十分鐘已經過去了，行銷大師一句話也沒說，還在台上不斷地敲打著，台下的觀眾已經開始有些不耐煩了，甚至還有人用各種聲音和動作發洩著自己的不滿。

但是，老人卻沒有理會，仍然用小鎚子不停地敲著！

面對這種情況，許多人憤憤不平地離開，會場上空座位越來越多，與初進場時的盛況顯然不能相比。

但就在分針走到第四十分鐘時，坐在最前排的人突然叫喊道：「球動了！」霎時間，會場鴉雀無聲，大家都聚精會神地看著那個鐵球。

眞的，那個球以很小的幅度開始擺動了起來。此時，大師仍然一小鎚一小鎚地敲打著。

吊球在大師一鎚一鎚地敲打中越盪越高，連支持它的鐵架子也禁不住擺動發出了聲響，這個威力強烈的震動，撼動著每一個支持到最後的觀衆的心。就在這個時候，大師再次舉小鎚子敲打一下，只見鐵球登時劇烈地自由地擺盪了起來，現場也立即響起了一陣陣熱烈的掌聲。

此刻，在你心中是否也正響起了熱烈掌聲？

故事中的行銷大師沒有直接點明成功的道理，只用一個簡單的小動作說明。看著大小鎚子接棒出現，緊盯著巨型吊球在台上靜靜地等待著，是不是很像我們等待著人生火花被點燃的時候？

「第一下敲不動，第二下也敲不動，那麼就繼續努力地敲下去，直到吊球開始擺動！」這正是行銷大師要與台下觀眾分享的成功體驗。

行銷大師的表現很簡單但寓意深刻，第一步不成功，就繼續將第二步累積，第二步還是不能看見成績，第三步積極地向前踏去便是。

成功至今還沒有人找到捷徑，「慢步累積，積極累積」無疑就是達到目標的唯一辦法。還在等待大師明確點出成功法門的人，此刻是否已明白其中寓意了呢？

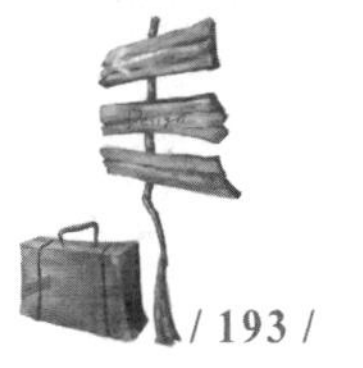

追求完美，往往徒增懊悔

世上沒有真正的完美，因此不要太介意自己身上的殘缺或小瑕疵，何不讓這個「小黑點」成為其他人無法取代的完美印記？

不完美的生活一直是成就完美人生必經的過程，回想一下，那些曾經付出的辛苦，那些曾經踏錯的步伐，一件又一件的挫敗，不正是引導我們走向完美人生的最佳嚮導？

如今我們都已經走過這麼多人生路程，不該再爲自己不完美而感到悲傷。因爲有著缺陷，我們才會知道要努力生活，學會用更多元且寬廣的角度欣賞存在不完美裡的美麗角落。

漁夫米諾斯正在海岸邊捕魚，對他來說，今天是個很幸運的日子。因爲，他今天每一次撈起的漁獲量都比往常還多，特別是撈到了一個含著又大又美麗珍珠的貝殼。

欣喜若狂的米諾斯立即將珍珠取了下來，然後睜大了雙眼，仔仔細細地觀察這顆大珍珠的光澤美感。就在這個時候，他赫然發現，珍珠的身上出現了一個小小黑點。

「怎會有這個黑點？那不就破壞這顆珍珠的價值！」米諾斯恨恨地說。

「沒關係啦！有些珍珠身上原本就會有些小黑點。」與米諾斯一同打魚的漁夫安慰說。

「不行！我越看越不舒服，回家之後得想辦法將它去除。」米諾斯說。

回家後，米諾斯果眞拿出工具，準備將珍珠身上的黑點去除。

「如果能將小黑點去掉，這顆珍珠就會變得完美無瑕了，自然也會成爲無價

之寶！」米諾斯心想。

米諾斯開始進行「去黑點」行動，只見他磨了一層又一層，雖然十分仔細、小心，但這黑點有些頑固，怎麼也不肯從珍珠的表面上消失。

妻子見狀，忍不住上前阻止：「別再磨了，有那黑點沒關係啦！看仔細點，其實也有種美感啊！」

「不行！我一定要把它去除，我絕不允許這樣的瑕疵存在。」米諾斯有些惱怒地說。

問題是，珍珠磨了一層又一層，黑點始終沾在珍珠上，磨到最後珍珠竟剩下不到當初的一半。

忽然「啵」的一聲，珍珠整個裂開了，原來那小黑點竟連接到珍珠的中心，米諾斯只能悔不當初了。

爲了擁有完美無瑕的珍珠，米諾斯堅持不包容這個小黑點，堅決要將這個小

瑕疵去除，但是過分追求完美的堅持，最後反讓自己失了完美。

小小的黑點有那麼嚴重嗎？皺紋眞有那麼慘不忍睹嗎？身材不合乎完美比例眞有那樣糟糕嗎？

電影〈情人眼裡出西施〉這部片子裡，當心理治療師幫男主角催眠，並賜予他能透視人們內在美的能力後，表面的完美曲線、漂亮臉蛋不再是品評美女的標準，只有完美的內在世界——一顆眞誠且善良的心，才是他最重要的選擇。最終眞相解開，原來完美無缺的追求對象竟成了位肥胖女孩，卻也讓他面臨了完美與不完美的選擇掙扎，最終男主角選擇了擁有善良眞心的胖女孩，也更加明白生命完美的定義。

其實，怎樣才算是最完美的，沒有人能說出絕對的標準，答案有許多可能，要靠我們自己去找尋。不過，請別忘了，世上沒有眞正的完美，因此不要太介意自己身上的殘缺或小瑕疵，只要我們願意，何不讓這個「小黑點」成爲自己的印記，成爲其他人無法取代的完美印記？

一味貪多，將失去更多

生活中沒有絕對的回饋公式，太過於在意結果，只會讓自己陷在數字中，忘了什麼才是真正要追求的人生價值。

你經常覺得自己付出太多嗎？又是否經常為苦等不到回饋而傷神計較？只是，費了那麼多的心思，即使讓財富數字有了累積，但我們眞正感覺到快樂的時刻似乎比過去更少了。

宰相帶領著士兵們打了一場空前的勝仗，得到勝利後，開心地班師回朝，並

且立即向國王匯報他們的成果。

國王對於宰相卓越的指揮能力，以及高超的領導藝術感到非常滿意，在宰相報告時，頻頻地點頭微笑。

報告結束後，其他有功的戰將紛紛告退，唯獨宰相還在殿前沒有起身告辭，似乎另有重要的事想稟告。

「宰相，你還有什麼事嗎？」國王問。

宰相點了點頭，小聲地說：「是的，大王，其實我在戰場上收了幾件自己非常喜歡的戰利品，可是，回宮時卻被檢查的士兵們扣留了，他們說，大王您剛剛下令，不許士兵們私自截留戰利品。我真的很喜歡那幾樣東西，不知道大王您能不能特別批准我領回，只要這一次就好。」

「好！」國王點了點頭，然後大筆一揮，就在宰相拿出的物品清單上簽了一行字。

宰相一看非常開心，可是看完國王的簽字之後，卻吃驚地問道：「這……大王，您會不會搞錯了？這，您怎麼把我的職位寫成了侍衛長？」

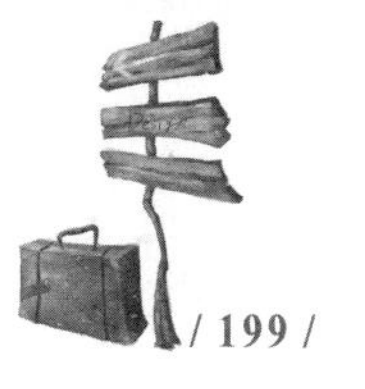

「沒錯啊！侍衛長，這是等值交換啊！」國王說。

這則有趣的故事裡，宰相爲了一己的私慾，大膽地索求戰利品，硬是無視軍紀和法規，這樣的貪婪表現，無怪乎國王不願再寄以厚望。

現實生活中，其實也不乏這樣的人，他們總覺得自己勞苦功高，更覺得現在所得到的報酬根本彌補不了他們付出的心力，於是，爲了爭取認爲自己應得的回報，有些人的思路開始走偏了，貪婪的佔有慾望慢慢地誤導他們走向失敗之路。

生活中沒有絕對的回饋公式，時而會多一些，時而會少一些，太過於在意結果，只會讓自己陷在數字中，忘了什麼才是眞正要追求的人生價值。

放下那些分份念頭吧！物質始終是身外之物，不必汲汲營營，至於我們付出之後應該擁有多少回報，從來都沒有人能準確算出準確數字，只要付出時覺得快樂也很有成就感，我們便已經得到了最好的回饋，你認爲呢？

心中有夢，就要付諸行動

你是否看見了自己手中的夢想種子？那麼，何不現在將這顆種子種下，並且告訴自己：「我要實踐自己的夢想！我要有更積極的作為！」

做白日夢也許很快樂，有時候還會讓人對生活更樂觀一些，不過，太依賴空想，反而會讓自己距離眞正的夢想目標越來越遠，甚至讓原有的信心也因此變得越來越薄弱。

心中有夢，就要付諸行動。

夢想，就像人們等待看見園圃中一片花團錦簇，只要能把握最佳時機將種子

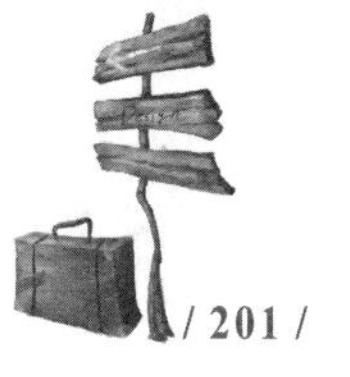

種下，並用心地照料每一顆種子，最後終能盼到美不勝收的風景。

伍茲畢業後一直很想在社會上出人頭地，最好能成就非凡的大事業，認為這樣才能得到同學們的尊重與崇拜。問題是，伍茲天天說得口沫橫飛，大家從未見他行動，每天只是到處游蕩，逢人便大談他那偉大的「夢想」。

對於這個情況，大家也只能搖了搖頭，雖然朋友一再勸他「別再做白日夢了」，但伍茲卻老怪責朋友們根本不懂他的夢想。

這天，伍茲回鄉下老家探望叔叔，叔叔看見他整天游手好閒，一點作為也沒有，便忍不住教訓了他幾句。

沒想到伍茲卻振振有詞，反駁說：「我不是不想做事，只不過想找到大事後再行動，我很想出人頭地，可是卻一直找不到出人頭地的方法。」

叔叔嘆了口氣說：「你跟我來吧！」

叔叔帶著伍茲來到後院，然後從口袋裡拿出了一包種子，對伍茲說：「這是九月菊的種子，現在，我希望你能想想法子讓它們早點開花，讓它們開出最鮮豔奪目的花朵。」

「想讓它們成爲花中之王還不簡單？現在先把種子埋進土裡，然後它們自然會生根發芽，鑽出土壤，秋天時它們自然會開出美麗的花朵。」說完，伍茲便開始刨土，準備將種子種下。

叔叔點了點頭，又問：「可是，你這樣做不是埋沒了它們？」

伍茲困惑地看著叔叔：「不經過這個階段，它們怎麼可能發芽？又怎麼能破土而出，然後長成美麗的花朵？」

叔叔笑著說：「是啊！孩子，看來你早就知道出人頭地的方法了！」

「我！出人頭地的方法？您是說……」伍茲似乎明白叔叔的用意，只見他若有所思地低下頭，當他再抬起頭時，眼神也變得更加堅定了。

俄國作家克雷洛夫曾說：「有天分而不持續運用，天分一定會消退。如果你

不掌握向前邁進的速度，那麼你將在慢性的腐朽中逐漸衰滅。」

做白日夢不會成功，必須將夢想付諸行動，努力再努力。

只要對自己充滿信心，相信自己有能力解決難題，用積極的態度把潛在的能力發揮出來，就一定達成夢想。

不是每個人都得讀懂我們的夢，我們看清自己想要什麼才是最重要的，就像故事中的伍茲一樣，何必太在意人們知不知道自己的夢想有多偉大，畢竟尋覓夢想方向，並且開始行動，才是我們應該重視的，不是嗎？

就像伍茲手中的種子，大自然想告訴我們的話很多，但是從來都不會清楚點明讓我們知道，因爲清楚告知，不如我們用心體會、親自感悟，才能眞正地聽見大自然的教誨。

當故事中的叔叔將種子放在伍茲的手中時，你是否也看見了自己手中的夢想種子？那麼，何不現在將這顆種子種下，並且告訴自己：「我要實踐自己的夢想！我要有更積極的作為！」

好好享受生活中的每一次磨練

有活力的人並不喜歡一成不變，因為有變化才會看見進步與成長，有磨練才能感受到生命的獨特性。

懂得享受生活的人最常發現，原來歷練之後，面對未來，心中的方向更加確定，接下來的每一步也走得更加穩健了。

之所以會有如此的變化，那是因爲歷經磨練之後，走過難關，再回首，反省著當初行動前的害怕，只覺自己有些好笑。

因爲，走過之後，我們都會發現，原來事情並沒有我們想像中那麼難，這些過程甚至還更添生活的樂趣呢！

有兩顆綠豆正躺在倉庫裡聊天，其中一顆說：「老弟，聽說過兩天主人就要把我們賣給豆芽加工廠了。」

「是啊！我正在擔心這件事，不知道我們將來會變成怎麼樣。」另一顆綠豆無精打采地說。

「我還聽說，這裡有兩間環境截然不同的豆芽加工廠，其中一間的作業方式是將我們壓在巨石下，讓我們慢慢地發芽生長；另一個地方則是將我們直接放地上自行發芽，不施任何壓力……」

對未來命運頗爲擔心的綠豆，一聽見到這裡，立即插話：「我當然要選擇沒有壓力的加工廠了。」

不久，一家豆芽加工廠的老闆來了，主人將這兩顆綠豆和其他夥伴一起賣給了這個老闆。

就在過秤時，那顆不想被巨石加壓的綠豆，聽見這次它們即將送去的地方，正是採用巨石重壓的加工廠，便找了個機會，偷偷地從筐裡滾了出來，躲在牆角邊，然後靜靜地看著綠豆老哥和其他同伴們被加工廠的老闆帶走。

第二天，主人打掃倉庫時發現了這顆綠豆，便將它撿起丟進另一筐綠豆中。後來，這顆綠豆與其他同伴一起被賣到了另一家豆芽加工廠。

在一個偶然機會裡，兩個老朋友再次碰面了，它們在同一個菜攤上相遇，現在全都變成了綠豆芽。

被巨石加工出來的綠豆芽開心地呼叫著：「老弟，是你嗎？」

「嗯！」這個沒有被巨石加壓的綠豆芽懶懶地應了一聲。

老朋友見狀，關心地問道：「老弟你怎麼了？嗯，看起來有些營養不良耶！怎麼看起又黃又細？你是不是病了？」

「不是啦！你知道的，老闆將我們往地上一撒，從此就不再管我們了，雖然沒有壓力，卻也得各憑本事生長，當然生長過程也得不到多少滋潤。唉，你看看你，長得又白又肥美。」臉色慘黃的綠豆芽說。

老朋友說：「眞沒想到你會變成這樣！我們雖然被主人壓在一塊笨重的巨石

下，不過爲了能破土而出，我們得更加努力奮鬥，或許是這個緣故，我們才可以長得像現在這樣壯碩。」

「哇，受盡艱辛才有今天的模樣，太辛苦了……」

它的話還沒說完，正巧有個婦人靠近，說道：「喂，你這豆芽菜怎麼那麼細，又長又黃，好醜啊！你怎麼可以混著這樣差的豆芽呢？」

婦人一說完，這根豆芽便被攤販挑起丟到了地上，然後在人來人往的踩踏下慢慢地壓乾壓扁。

至於那根經過巨石壓迫長成的綠豆芽和它的夥伴們，則被這位婦人挑出買走，晚餐時婦人將會細心地料理它們，好用來招待最尊貴的客人。

我們都知道「歲寒然後知松柏之後凋」的道理，但是能夠忍受如此嚴酷考驗的人卻不多。就像故事中發育不全的綠豆芽，當初正因爲害怕被巨石壓迫，不想經歷這些磨難，因而投機地逃了出來，未料，避之唯恐不及的苦難，竟是人生的

必經過程。

從故事中，我們不妨仔細地想一想，一帆風順的生活是否眞的快樂？少了磨練機會的人生是否眞的幸福？

有活力的人並不喜歡一成不變，更不想自己一點磨練的機會都沒有，因爲有變化才會看見進步與成長，有磨練才能感受到生命的獨特性。

想享受生命的好滋味嗎？

那麼就別再擔心眼前即將要面對的考驗，那不過是生活中的小插曲，只要你能大膽走過，未來就沒有什麼困境能難倒你了，至於你想體會的生命趣味則盡在戰勝困境之中。

把工作當作一種生活享受

工作本身並不累人，之所以感覺疲倦，那是因為我們心生怠惰，將手上的任務視為苦差事所致。

知道用正確的心態面對工作的人，才是眞正活在當下的人。

工作也可以成爲享受，只要我們用輕鬆的態度面對，並懂得用不一樣的角度看待我們遇到的磨練機會，工作便是享受生活。

必須大量思考的人，何不將工作視爲靈活腦袋的絕佳機會？天天得辛苦付出勞力的朋友，若能將工作視爲活動筋骨的絕佳運動，那麼無論上班或下班時刻，旁人都將看見你掛滿微笑的臉龐。

有兩張犁由同一個鐵塊，也由同一個工廠、同一個工人鑄造而成。產品製成後，其中一個犁輾轉來到了一位農夫手中，並立即被主人帶到田地裡開始耕作。

至於另外一張犁，一直被閒置在農具店中的某個角落。

兩個犁分開了好長一段時間之後，在一次很偶然的機會裡再次碰面。那張曾經在農夫手中努力操練過的犁，犁頭亮得像銀子似地閃閃發光，一副生機勃勃的模樣，讓另一張犁羨慕不已。一直被擱置在鋪子裡的犁，全身灰灰暗暗的，即使太陽光落在它的身上也反射不出一絲光亮，渾身都佈滿了鐵鏽。它不禁問道：「爲什麼你能渾身發光？而我卻……」

「這個啊！那是因爲我每天都在活動筋骨的關係啊！親愛的朋友！」發亮的犁精神抖擻地回答。

另一張犁輕拍著怎麼撥也撥不完的鏽，繼續追問：「怎樣活動啊？」

犁搖搖頭說：「你連活動筋骨都不知道嗎？瞧你全身長滿鐵鏽，活力也大不

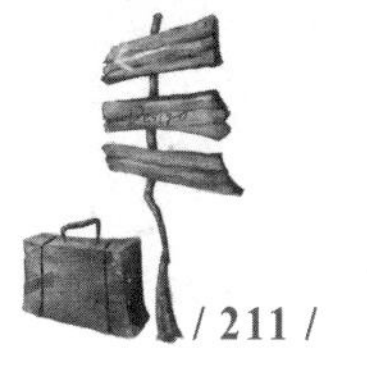

如前，全是因爲老是躺在那兒不動的關係！」

「人一定要多活動，這樣細胞才會知道自己還活著！」這是一位醫生朋友經常提醒我的話。

到底是不是眞的要動一動，細胞才會知道自己還活著，我們無法證實，但是從醫學的角度來探討，想保持身體健康和活力，不希望病痛來襲，「多運動」準沒錯。

不活動，鐵製的物品當然要生鏽了！

生活不也是如此？磨練越多，人的自信神采自然越加發光，一如犁在土壤、風雨和烈日操練下，亮度不是更勝以前？

作家羅塞蒂曾經如此寫道：「遇到不如意的事情，笑一笑就忘掉，總比愁眉苦臉地記住要好得多。」

的確，有很多惱人的煩事，如果我們懂得用微笑去面對，那麼就會恍然發現，

這些所謂的煩惱，其實並不如自己原本想像中那樣讓人心煩。

工作本身並不累人，之所以感覺疲倦，那是因爲我們心生怠惰，將手上的任務視爲苦差事所致。看看身邊那些活力充沛的人們，問一問他們爲何這樣精神飽滿，相信他們的答案會是：「因爲工作很有趣啊！你不覺得好像在玩遊戲嗎？」

能自我肯定，才能得到別人認同

仔細看著鏡子裡的自己，看著因為應付他人所做的改變，我們對自己還有多少認同感，還有多少自我肯定的力量？

在職場上，如果少了自己的特色，很難在工作崗位上佔有一席之地；在社會中，如果我們失去了自己的個性，便很容易成爲同儕排擠的對象，甚至成了人們經常用來嘲笑解悶的目標。

別太在意人們怎麼看你，最重要的是你能不能肯定自己。事實上，大部份人評斷你的標準也在於此，想得到他人的認同，我們要努力的第一步，就是建立自信，肯定自我！

烏龜在沙灘上曬太陽時，正巧有一群螃蟹走過。

他們看著烏龜，忍不住發出嘲笑聲音：「你們快看，那是什麼怪物啊？身上背著那樣厚的殼不說，殼上居然還刻了那麼醜的花紋。」

烏龜聽到時羞愧萬分，事實上，他自己對這身盔甲一直很感冒，只是打從娘胎出來，就沒法子改變這一切，因此只得將頭縮進龜殼，來個眼不見爲淨，耳不聽爲清。

但這個動作卻讓螃蟹們更爲大膽，看見烏龜不反抗，竟得寸進尺：「哎喲！怎麼你還有羞恥心嗎？你以爲把頭縮進去就能改變一切嗎？你一輩子都要穿著那件破盔甲啊！哈哈哈……」

螃蟹們大聲笑著，他們雖然越走越遠，但笑聲卻一直在烏龜的耳邊繞。

等螃蟹們走後，烏龜才伸出頭，忽然心一橫，竟將龜殼靠著礁石，開始不停地磨擦：「我要把這個恥辱磨掉！」

磨著磨著，烏龜眞的將龜殼磨不見了，可也弄得全身鮮血淋漓，疼痛不堪。

有一天，東海龍王突然心血來潮，宣佈要封烏龜家族爲一等伯爵，這個消息讓嚐盡人們恥笑的烏龜欣喜若狂，封爵之日起了大早，與烏龜家族所有成員快樂地出席了。

一大群烏龜出現在龍宮的門口，身上的龜殼便是最好的身分象徵！

但就在這個時候，龍王發現那隻沒了甲殼的烏龜，大怒喝道：「你是何方妖怪！竟敢冒充烏龜家族的成員？」

「大王，我是小烏龜呀！」烏龜大喊冤枉。

「胡說！你竟想欺騙我，有著美麗龜紋的甲殼一直是龜類的標誌，你看你連這個基本的標誌沒有了，怎麼能再列爲龜族！」

說完，龍王一揮手，蝦兵蟹將們立即將這隻捨棄本色的烏龜趕出龍宮。

爲了得到人們的認同，也爲了贏得人們的讚揚，烏龜努力地磨掉背上的龜殼，

最終雖然成功地將累贅磨平，卻從此失去了自己，也失去眞正可以代表自己身分地位與自尊的象徵記號。

許多人不也如此，爲了得到同儕或朋友們的認同，想盡辦法讓自己變成另一個樣貌，一個他人心中期望的樣子？

仔細看著鏡子裡的自己，看著因爲應付他人所做的改變，我們對自己還有多少認同感？還有多少自我肯定的力量？

你的價值只有你自己才能肯定，別人的嘲笑聲我們無須理會，因爲聰明的人都知道，他們的嘲笑聲不過是爲了掩示自己的不足。至於你，在這樣的時候更該抬起頭，大步邁向前，因爲你一定知道，這一身笨重的「殼」，正是我們隔離危險的最佳防護，可是價值無限的。

強硬對抗，不如柔軟退讓

強硬對抗，只會為自己帶來危機，無助於解決問題，越危急的時刻，我們越要冷靜，不要強出頭，自曝於危險之中。

每當與人對立爭執的時候，你心中最期待的是什麼？是不是等著對方先彎腰，先退讓一步？

只是，爲什麼那個先彎腰退讓的人不能是你？

我們都知道，石頭碰石頭，最後兩顆石塊都難免破裂損毀。生活也是如此，硬碰硬的結果往往是兩敗俱傷，因此，想看見退路，不妨先學會低頭，千萬別當又臭又硬的石頭。

河岸邊，有一棵長得十分高大的橡樹，身邊則有許多蘆葦環繞著。心高氣傲的橡樹從來都不把這些矮小的蘆葦看在眼裡，當然有從沒與他們交流、談心過。

它還經常低下頭，大聲嘲笑蘆葦：「小鬼們，看我長得多麼高大威武啊！看看你們，一副弱不禁風的模樣，好可憐喔！」

蘆葦聽見橡樹又在嘲笑自己，沒有出言反駁，只跟著忽然吹來的風彎腰、低頭，什麼話也沒說。

有一天，天空滿佈烏雲。

「暴風雨要來了！」

鳥兒們在樹梢上呼喊著，催促其他動物們快點找地方躲藏。

風雨果然非常猛烈，伴隨著閃電雷聲，更是嚇人。

忽然，一陣猛烈的狂風掃過，竟將壯碩的橡樹連根拔起，吹倒在河邊。

風雨過後，大地亂成一團，唯獨蘆葦依然挺立。

被吹倒在地面上的大橡樹，這時氣息奄奄，不解地對蘆葦說：「爲什麼會這樣？你們那麼瘦弱卻一點損傷也沒有，強壯如我，怎麼反而被狂風摧殘成這個模樣？」

蘆葦看著眼神充滿迷惑的橡樹，說道：「朋友，你老是要與暴風雨正面相抗，最後難免要面臨失敗，因爲硬碰硬的結果，經常是兩敗俱傷啊！我們從來都不想和風雨對抗，我們知道自己的能力，即使只有一點微風，也要在它面前彎下腰，腰彎久了，柔軟度也提高了，無論遇到多麼強勁的風雨，我們也不會有被折斷的危機。」

人的情緒太容易受到外在環境的影響，如果你經常和別人發生爭執，過著紛紛擾擾的生活，不妨靜下心來仔細檢討癥結所在。

也許，經過靜靜思索之後，你會意外地發現，生活中有太多的苦惱，其實都

是不懂得彎腰退讓造成的。

能彎腰，我們才能看見腳下指引的方向，能低下頭，我們才能看見路上預留的退路，即便再堅強的人，也要懂得順應形勢，見機而行。

就像這則寓言所表達的：「強硬對抗，只會為自己帶來危機，無助於解決問題，越危急的時刻，我們越要冷靜，不要強出頭，自曝於危險之中。」

再換個角度思考，站在橋上對峙的兩方，始終得有人退讓，彼此才能順利通行，面對堅持不肯退讓的對手，我們若能自動退讓其實也是件好事。

畢竟，與其僵在原地浪費時間，不如先退一步，積極一點另尋新路，說不定反能發現另一條成功捷徑。

PART 7

夢中的樂園 沒你想的那麼遠

每一條通往夢中樂園的路都不遙遠，
只要我們不再被眼前的阻礙羈絆，
勇敢突破，夢想會在不遠處出現。

圓夢不難，就怕意志不堅

如果，現在的你還在遲疑夢想的可行性，那就別再多想了，沒有努力嘗試過，你又怎麼評估圓夢的難易？

曾經有位勇敢的癌症小鬥士說：「我的確不知道自己到底能活多久，但是我很清楚心中的夢想是什麼，現在只想努力活著將它完成。」

最後，這個小鬥士真的完成了夢想，也許他的夢想微不足道，但是他的鬥志與決心卻感動了身邊的每一個人。事實上，夢並不難圓，只要我們能像小鬥士一樣，下定決心。

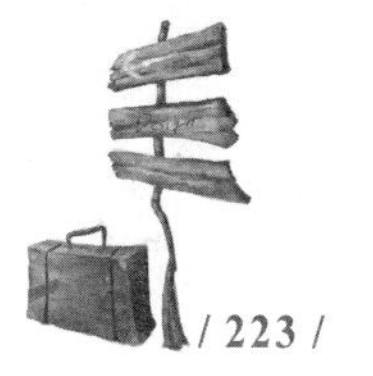

成爲智利歌王之前，狄恩只是一個胸懷大志的無名小卒，雖然沒有名聲，卻無損於他對自己的信心。他心中一直有個夢想：「總有一天，我一定要和柯波拉歌王一同登台歌唱。」

爲了能得到柯波拉的賞識和提拔，狄恩決定前去向柯波拉求教，並且尋求合作的機會。

狄恩一路風塵僕僕來到首都，一身髒亂的模樣讓許多人都誤以爲他是個可笑的流浪漢。

面對其他人的嘲弄與譏諷，狄恩根本沒放在心上，因爲他現在一心只想著：「我心中有夢，只要見到柯波拉，我的夢想就快實現了！再沒有什麼事比這個還重要的！」

沒錯，實現夢想的企圖心在狄恩的心中熊熊燃燒，他非常積極行動，直到敲響了柯波拉的家門。

柯波拉了解狄恩的來意後，也被他的精神深深感動，點頭道：「好！只要有機會，我一定會帶你一起演出。」

接著，柯波拉收狄恩爲徒弟。爲了實現夢想，狄恩相當的努力，因爲，他知道所有的努力和付出都是爲了實現目標，自己一定會成功！

一年後，狄恩終於和柯波拉同台演出了，他那優雅的歌聲，登時征服了所有聽衆的心，不少人更將他的歌聲與柯波拉相互媲美。

狄恩的夢想實現了，那你的夢想呢？

只要細細體會那些舞台上名人努力付出的心血，就會明白成功沒有其他的方法，就像狄恩對自己說的：「努力付出就對了！」

如果，現在的你十分努力地踏步向前，那麼就繼續前進，朋友們會一直默默地支持你，因爲所有人都已看見了你的夢想決心。

累的時候稍稍歇息，但千萬別就這麼停下腳步，「停越久，鬥志會消失越多」

這個原理你應該很明白。

如果，現在的你還懷疑夢想的可行性，那就別再多想了，學學狄恩的積極，沒有努力嘗試過，你又怎麼評估圓夢的難易？

看著這個故事，隱約間，我們好像也聽見了狄恩與柯波拉共鳴的天籟，他們的夢想已經完成了，那我們的夢想目標應該也不遠了吧！只要再持續努力下去，很快地，我們就能達到目標了！

夢中的樂園沒你想的那麼遠

每一條通往夢中樂園的路都不遙遠，只要我們不再被眼前的阻礙羈絆，勇敢突破，夢想會在不遠處出現。

還記得登山時，許多老先生、老太太們健步如飛的情況嗎？因爲他們用腳累積出來的路程比我們長，也比我們積極，所以當我們還在半山腰氣喘吁吁，卻見他們已經到達峰頂，還大聲地與我們招呼呢！

不知道爲什麼嗎？找不出原因嗎？

下一次再站在半山腰時，我們不妨仔細想一想：「是眞的體力不夠嗎？還是我們根本沒有登上山頂的決心？」

位處大漠深處的阿拉比王國，多年來一直飽受風沙肆虐，昔日富裕的城市如今變得滿目瘡痍，城裡的人口也越來越少。有一天，國王對四個王子說：「我想把國都遷往美麗富饒的卡倫。」

「據了解，卡倫離這裡很遠，必須翻過許多高山峻嶺，穿過不少草地、沼澤與大河，事實上到底有多遠沒人知道。」國王說。

國王看著四個兒子，緩緩說道：「我想讓你們四個分頭前往探路。」

四個王子一聽十分吃驚，因爲這條路根本沒人走過，但是父王已經決定了，最終他們只得服從命令，帶上充足的食物出發。

大王子的車隊一共走了八天，翻過了四座大山，也經過了一個一望無際的草地。他問了問當地的人，這才知走過了草地，還得越過另一個沼澤，除此之外，還要通過一條大河與一座雪山！

聽到雪山時，大王子瞪大了眼睛說：「什麼？那是什麼鬼地方啊？這麼遠怎麼遷城？算了，我們回去吧！」

於是，大王子想也不想便轉身回頭。

二王子帶著隨從騎馬穿過一片沼澤，卻被一條寬闊的大河阻住了去路，也阻擋了他前進的企圖心，在奔騰的河水前，二王子不再前進了。

至於三王子，克服了兩條大河後，接著走進了一片荒漠，在茫茫蒼蒼的沙漠中摸索，最後好不容易找到了「回家的路」。

一個月後，三位王子陸續回到國王的身邊，將各自沿途所見報告國王，當然也不忘稟告：「路人們全都告訴我們，要去卡倫的路還很遠很遠。」

的確很遠，因為小王子一直到六天後才出現，他風塵僕僕地趕回來，興奮地對父親說：「到卡倫只需要十八天的路程。」

國王點著頭，說道：「沒錯，只要十八天！因為父王早就去過卡倫城。」

四位王子一聽，不解地望著國王：「為什麼還要派我們前去探路？」

國王滿臉嚴肅地回答說：「因為，我要你們明白一件事：『你們的腳肯定比路還長！』」

路是人走出來的，我們的腳肯定比路長。

對國王來說，新城市在哪兒並不重要，重要的是孩子們是否有決心尋找夢想的樂園，又是否有耐心面對重重考驗。

你知道三位王子為什麼覺得遠嗎？

因為，當他們遇見難題時，沒有人願意面對並設法解決，反而把過多的時間全用在埋怨問題上。事實上，以時間來計算路程距離的他們怎麼也沒發現，他們看似前進了很久，其實始終停留在原地！

至於小王子，則積極地穿過了沼澤，渡過了大江，也越過了大漠，沒有被困難阻擋，才能在一定的時間內抵達新樂園。

「腳比路長」這是國王給孩子們行動要積極的訓示，更讓我們知道，每一條通往夢中樂園的路都不遙遠，只要我們不再被眼前的阻礙羈絆，勇敢突破，夢想會在不遠處出現。

用你的雙手推出生活的希望

發生在我們面前的困難無論多麼突然，我們都一定有能力親自解決，因為那是生命的本能！

每個人都有一雙萬能的雙手，如果在我們前進的路上出現一塊大石頭，最好的解決辦法，就是靠我們自己的雙手推開、移除。

別擔心問題的難度，也別煩惱事情太繁雜，不妨先放鬆心情，思考應變的方法，然後你就會相信自己能輕鬆走過所有難關。

有位車夫沿著鄉間小路焦急地前進，他正趕著貨車要到目的地，萬一遲到便可能丟了飯碗。

只是厄運似乎跟著他很久，一開始被裝貨員耽擱不說，如今天空竟下起了大雨，鬆軟的泥地害得他的車輪寸步難行。

就在這個時候，車輪突然陷入了泥濘中，再也無法前進了。

「我不會這麼倒霉吧！唉，怎麼會這樣呢？我該怎麼辦才好……」車夫驚慌地叨唸個不停，茫然失措的他頓時一籌莫展，最後只得跑到車子前方的樹下躲雨。

站在樹下的他，嘴裡仍然不停地唸著：「老天爺啊！您別玩弄我了，您看看那些貨，可憐可憐我吧！快來人啊！誰來幫我把車子救出來啊！神啊！您在哪兒啊？」

「是誰在叫我！是你嗎？」

天神忽然現身，著實把車夫嚇了一大跳。

不過，很快地他便回過了神，滿臉悲苦地說：「神啊！您快點把我的車子救出來吧！還有，別再給我這麼多的麻煩了！」

神冷笑了一聲，說道：「朋友，你要搞清楚，麻煩可不是我給你的，是你自己找來的，遇到問題你光嘮叨卻不去解決，麻煩當然會越來越多！現在，請你自己用肩膀扛起車輪，然後再伸出自己的手，抽打馬匹，你的車輪自然就會滾出泥濘。」

神接著訓斥他：「自己不盡力解決問題，老想求助別人，求助不成，還想把責任推給別人，這樣不負責任的態度，當然會不斷遇到麻煩。」

生活中和車夫一樣只會怨天尤人的人不少，或許我們也是如此。這類型的人有個共同狀況，一遇上了麻煩，除了不斷地抱怨之外，大都只會枯坐原地，什麼事情也不做，任由麻煩蛀食自己的生活與未來。

發現蛀蟲正吞食你我的人生，你不害怕嗎？害怕的話，不妨用心體會故事的指引：「發生在我們面前的困難無論多麼突然，我們都一定有能力親自解決，因為那是生命的本能！」

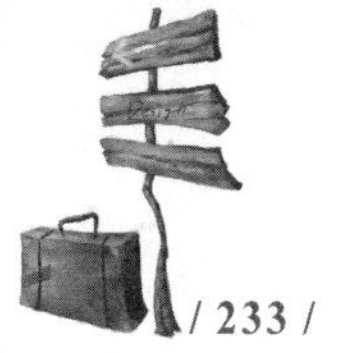

在我們身上都有著自立的本能，所以，當「車輪」陷入泥濘中，四下無人能伸出援手時，與其躲到陰暗的角落枯坐，不如迎向前去，伸出雙手，自然能想出解決的辦法。

其實，問題再艱難也一定有辦法解決，不管車輪陷得再深，還是能轉出希望的，就看我們肯不肯面對，願不願意負起責任，勇於接受挑戰。

再努力一步，成功就在前方

鼓勵自己堅定地往前走，只要從這一刻開始，別再犯相同的錯誤，日後我們心中就不會重現放棄時的懊悔！

相信許多人都有過這樣的經驗，明明很累了，但又覺得事情還沒有完成，心中很不踏實，於是繼續埋頭苦幹。每每在快放棄時，又振作精神，要求自己再堅持一下，最後成功的曙光乍然出現了，我們還訝異著：「咦？怎麼這麼快完成？」

的確，想持續下去一點也不難，想獲得成功也沒那麼難，只要在決定下一步時，我們能對自己說：「無論如何，再前進一步看看！」一步接著一步，我們的目標就輕易地完成了。

西努斯是古時候波斯帝國的游泳高手，連續三屆拿下游泳比賽的冠軍。但他還想再創造一個奇蹟，決定橫渡波斯帝國中最大的海峽。

這天，西努斯參加完各界爲他舉行的橫渡儀式後，在衆人鼓勵下縱身一躍，跳進了又深又大的海洋中。在他身後有一支救護隊伍跟隨，一旦發現狀況有異便會及時救援。

西努斯在海面上游了三天三夜了，當他竭盡全力游近海岸邊時，已凍得雙唇發紫，渾身打顫。

此時的西努斯又累又餓，眼前卻是大霧茫茫，完全抓不到前進的方向。

「海岸在哪？」西努斯心想。

疑惑與迷失，竟讓西努斯失去了信心，竟回過頭向小艇上的朋友求救：「把我拉上去吧！」

朋友們鼓勵他：「只剩一海里就到岸邊了，你要不要再堅持一下？」

西努斯支持了一下，抬起頭望向遠方，可是濃霧瀰漫，讓他無法望見近在咫尺的海岸，甚至還懷疑朋友們在騙他！

他再次向朋友們請求：「把我拉上去吧！」

朋友們只得惋惜地嘆了口氣，將西努斯拖上小艇。

事後，西努斯懊悔地說：「當時若能看見海岸，我一定能游到終點，唉，沒想到我最後竟被濃霧打敗了，是它奪走了我取得勝利的決心。」

半年後，西努斯再一次向海洋發出戰帖，這一次他告訴自己：「我一定要堅持下去，絕不向濃霧低頭！」

西努斯成功了嗎？

當然！因爲這一次不管有沒有濃霧，西努斯始終都對自己說：「不游到海岸，我絕不放棄！」

哈瑞・艾默生・福斯狄克在《洞視一切》一書中說：「斯堪的那維亞半島人

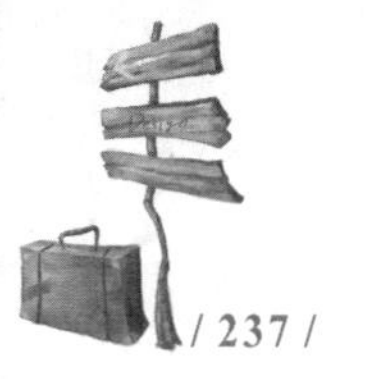

有一句俗話，我們都可以拿來鼓勵自己：北風造成維京人。」

安全舒服、沒有任何困難的生活，無法使人獲得成功。相反的，只有遭逢逆境，卻願意加以克服的人，方能開創燦爛的前景。

西努斯第一次失敗之後，並沒有因此而放棄挑戰，再一次勉勵自己，也仔細地面對曾經犯的錯誤。

因爲對自己有信心，也因爲不讓錯誤的過去牽絆，西努斯的第二次挑戰顯得更意義非凡。

相似的故事，我們不也經常在現實生活中發現？一次又一次地挑戰，一次又一次地從錯誤中汲取經驗和教訓，日積月累之下，成功者的自信和毅力也變得越來越堅決。

還在爲昨天的失敗感傷嗎？

別再難過了！快整理一下你的心情，時間和機會可不等人的，一味地爲已逝的昨日傷神也無法改變結果。鼓勵自己堅定地往前走，只要從這一刻開始，別再犯相同的錯誤，日後我們心中就不會重現放棄時的懊悔！

為自己創造勝利的機會

生活的要訣只有一個，人生的成敗全在於我們的態度。好運和壞運的選擇權就在我們的手上，全看我們用什麼樣的態度去面對。

機會就在我們的眼前，夢想也在我們的腦海中，命運更是一直掌握在你我的手中，既然這些生命中最重要的部分，全都可以由我們自己主宰，我們怎麼還有藉口埋怨夢難圓？

上帝給了我們寶貴的生活，就是想讓我們知道：「我已經賦予你生命的開始，接下來全看你怎麼把握。」

這一戰，亞歷山大大帝打了一場大勝仗。

戰役結束後，有位大臣立即獻策：「大王，如果還有機會，您想不想再攻佔下一座城？」

這個討好的意見，立即招來其他將士與大臣們的同聲附和，其中還有人說：「是啊！大王，就憑您現在的運氣和氣勢，必定能夠打贏更多場勝仗，攻下更多的城池！」

「是啊！大王，我方運勢正旺，不如現在立即起兵吧！」一位將領說。

就在這個時候，亞歷山大大帝大聲地拍了一下桌案，然後滿臉憤怒地站了起來，斥喝說：「你們在說什麼？難道這一切全靠運氣得到的嗎？」

忽然的一聲怒吼，把現場所有人都嚇壞了，原本熱鬧非常的氣氛登時跌到了谷底，大伙全噤聲了，連剛才舉杯想向亞歷山大大帝敬酒的大臣，也不敢將杯子放下，就怕杯子與餐桌會不小心碰撞出聲。

只見亞歷山大大帝的眼神發著光，接著朗聲說道：「你們眞的認爲我們是靠運氣才打下勝仗的嗎？之前我命令你們要積極行動，不要一味地等待的道理，你們至今都還沒領悟嗎？」

接著，他嚴肅地說：「我從來都不靠運氣，也從來都不等待機會！我的要訣只有一個，那便是爲自己創造勝利的機會。」

英國辭典作家塞繆爾．約翰遜曾經說過：「自信是一個想要做大事的人，必須具備的素質。」

其實，自信是一種相信自己有能力開創命運的感覺，有了這種感覺之後，人才能懷著堅定的信心和希望，開始偉大而又光榮的事業。

聽見亞歷山大大帝說出「爲自己創造勝利的機會」這句話時，我們不難感受到其中的力量——一種堅決與自信的巨大力量。

這是他面對命運的態度，不聽天由命，也不等待天賜神蹟，因爲他只相信：

「命運操控在我手中！」

不知道這樣堅決、激昂的生命態度是否震懾了你，這樣堅強、無懼的信念是否激勵著你的心靈？

好運眞的那麼難擋，厄運又眞的愛糾纏人嗎？

不，其實好運壞運不過在於我們一念之間！

缺乏自信的人當然要厄運連連！試想，當我們哭喪著臉走在街上，失神地走著，哪裡會注意到前方的電線桿，又怎麼會留心頭頂上就快掉落的花盆，或是留意到前方早已凹陷的大坑洞？

反觀，充滿自信的人當然好事連連，想想，當我們抱著希望與好心情面對生活上的一切，就算撞到了電線桿之後也會頓悟，解開了心中的糾結。

生活的要訣只有一個，人生的成敗全在於我們的態度。好運和壞運的選擇權就在我們的手上，全看我們用什麼樣的態度面對。

用心體會這個道理之後，我們便能自信滿滿地對自己說：「我可以爲自己創造勝利的機會！」

經過磨練，人生才更圓滿

虛華的外表，乍現之時或許光彩奪目，可是經過風吹雨淋、艷陽照曬之後，再亮眼的外衣也要慢慢褪色。

缺乏考驗的人很難展現自信，因爲少了那些磨練的機會，猝遇難題，他們一點沒有把握是否能解決，更別提那些老是閃躲困難的人了。

不知道你是否喜歡接受考驗？

其實，能遇見難題是件很幸運的事，如果不是有這些難關，我們很難培養出解決問題的自信，你覺得呢？

雕刻大師剛完成一件佛像雕刻工作，看了看旁邊剩下的木料，隨手撿起了其中一塊形體較大的木材，順手將它做成了木魚。

就在大師完工的那個夜晚，木魚與佛像同處一室，卻聽到木魚嘲笑著佛像：「怎麼你渾身都是刀傷啊？大師花了那麼長的時間才把你完成，你受盡了刀傷，如今卻只能端坐在那兒一動也不能動。你看我，全身光滑，還能發出『咚咚咚』的清脆聲音，怎麼我們的命運竟相差這麼大？」

望著木魚，佛像始終微笑不語。

過了幾天，一間香火旺盛的寺廟住持來拜訪大師，發現了大師剛完成的佛像和木魚，便以高價將佛像及木魚買了回去。

隨後，佛像被安置在寺廟的正中央，天天接受信徒們的膜拜與供奉，身分地位尊榮非凡，而那只木魚，則被放置在神桌前，跟著和尚們早晚課的誦經聲，不斷地發出「咚咚咚」的敲打聲。

這天夜晚，木魚又開口了：「怎麼會這樣？我們來自同一塊木頭啊！爲何你能享受供奉，而我卻只能讓那些和尚敲啊敲的，難過死了……」

佛像總算開口了：「那是因爲，大師在完工前，已經讓我吃足了雕琢之苦，其中艱苦非言語可以形容，回想當初，你不是很得意於未受刀斧雕刻的辛苦？人一生的因果循環大致相同，我的苦頭已經嚐盡，如今也該是品嚐成果之時，至於你，還有好長一段辛苦路要走！」

木魚一聽，很不以爲然，仍舊不甘心地說：「我們出身相同，怎麼會有如此大的差別待遇？」

想著渾身刻痕滿佈的佛像，想著幾刀便完成的木魚，是不是很像兩個走過不同人生歷練的生命？

記憶中，那些滿佈皺紋的老人家就像這尊細細雕琢的佛像，一步、一刀仔細印刻，當然也刻印出屬於他們的充實人生。生活的確不能投機取巧，少了一刀不

行，走快了一步也不可以，一切都得按部就班，日積月累，才能積累出完整的生命風采。

反觀木魚，就好像年輕小伙子一般，以虛華的外表為傲，乍現之時或許光彩奪目，可是經過風吹雨淋、艷陽照曬之後，再亮眼的外衣也要慢慢褪色。只因為那是無法持久的小聰明，面臨真正的考驗，自然一籌莫展。

佛法講的是修行，想成佛，便得接受各式考驗與磨練，人不也是如此？唯有歷經各式磨練與辛苦之後，我們才能安心享受未來的生活。

坦然面對錯誤，然後重新開始

只要你願意重新來過，那段灰暗的過去肯定不會再緊跟著你，當雲兒飄散，便是陽光出面照亮人生的時刻！

「放下屠刀立地成佛」，這是神佛對人們的寬容允諾，也是給予回頭向善的人的一點鼓勵。

曾經犯的錯誤，只要我們願意及時彌補、及時改過，未來仍然有許多可能性，只要誠心改變，這個世界還是會給予我們無限的機會。若是你現在身處偏僻的角落裡，那麼何不再給自己一次機會，再一次跨出屋外，尋找另一個願意包容你的大塊天地？

事實上，摩羅鳩達國的王子登基前是個人見人厭的大壞蛋。

當時力大無窮的他，雖然長得十分威武雄壯，但是卻老愛溜出宮外跟著一群壞朋友幹一些偷雞摸狗的壞事，因此百姓們都很瞧不起他。

有一天，他和伙伴們又偷偷溜進了一個小鄉村意圖行竊，被發現後竟然還縱火燒村子。

這下子可激怒了全村的獵人，誓言一定要王子報復！

王子聽到消息後，連忙逃回王宮，向父王尋求庇護。

國王知道這件事後，生氣地罵著兒子：「你眞是個一無是處的傢伙！」

「我這麼聰明，怎麼會一無是處？」

國王的話重重地傷了王子的心，訓斥雖重，不過似乎也喚醒了王子心中沉睡已久的雄心。從那天起，王子不再與那些壞朋友們交往，爲了避免干擾，還跑到一座深山裡自我悔悟、訓練。

自我反省之後，他開始協助父王捕捉國度裡的壞蛋，幫助窮苦的百姓，慢慢地，小王子的形象成功重塑，最後更贏得了民衆們的認同與肯定，成爲歷屆君王中最具威望的一位。

故事中，我們看見國王的愛子心切，不僅給了孩子再一次的機會，也積極地引導孩子走向正確的道路上，終於，王子看清了朋友的眞面目，也看清了自己的迷失。

當王子面臨人生中的第一個危機時，不忘尋求父親的庇護，因爲他知道，只有家才願意包容他，給予他再一次的機會。

人不也如此？在人生的歧路上徬徨無助時，我們最渴望的不也是有個溫柔的安慰？也唯有在這樣安心的環境中，我們才能平靜地深思過去的一切，並且認眞自省曾經犯下的錯誤。

能誠實地面對過去的自己，讓王子看見了自己，也因爲能坦然面對過去的錯

誤，讓王子能夠從錯誤中學習，積極彌補，直到成為國王坐上了寶座，我們也看見了他的決心。

還在為昨天犯的錯誤感到黯然嗎？

抬起你的頭，看看天空上的雲，不妨把曾經的錯誤放到雲端，讓它們跟著雲朵飛逝，只要你願意重新來過，那段灰暗的過去肯定不會再緊跟著你，當雲兒飄散，便是陽光出面照亮人生的時刻！

走過困境，才有快樂人生

不必羨慕別人的人生，因為他們曾經走過的艱辛絕非我們能想像的。當然，也別再埋怨命運的辛苦，因為那是我們必須面臨的難關。

很多人都會埋怨老天爺，爲什麼讓他投胎在貧苦的環境中，或者爲何要給他那樣多的難題考驗。

你呢？是否也曾有過這樣的疑問？

其實，生活最精采的時候，大都是在我們找到了難題的答案時，或是因應艱困環境而激發出潛能時。所以，別再埋怨生活風險重重，也別再氣惱惡劣的環境，因爲這一切終將走過，只要我們能以正面積極的態度面對！

有個準備到人間投胎的靈魂對閻王說：「請您賜予我一個最好的形象吧！那麼一來，我將永遠地崇拜您。」

閻王回答：「好，那你準備投胎做人吧！這是世界上最好的形象。」

但是，這個靈魂忍不住問道：「不知道做人有什麼風險？」

閻王說：「做人當然有風險，像是勾心鬥角、殘殺、誹謗、夭折、瘟疫、失業、失戀……」

閻王的話還沒說完，這個靈魂立即插話，說道：「還是另換一個吧！」

「那就做馬吧！」閻王說。

靈魂當然沒忘記提出疑問：「那麼做馬有風險嗎？」

「有啊！像是受鞭笞，被人駕馭，被宰殺……」閻王說。

「唉，請您再換一個給我吧！」靈魂嘆了口氣說。

「是嗎？那就當老虎！」閻王很有耐心地指引他。

「老虎！老虎是百獸之王，嗯，這樣一來一定沒風險。」靈魂開心地說。

「不！老虎當然也會有風險，像被人獵殺！甚至有一種小動物還是牠的剋星……」閻王立即糾正靈魂的認知。

「什麼！老天爺，我不要當動物了，植物吧！在植物界應該不會遇到任何風險了吧！」靈魂說。

沒想到閻王仍然說：「植物當然也會遇到風險，像是樹木會被砍伐，有毒的草會被清除或是摘去製藥，還有……」

靈魂嘆了口氣說：「唉，閻王，請您恕我斗膽，我想只有留在您的身邊是最安全的了，請您讓我在您身邊吧！」

閻王停頓了一下，然後說：「我怎麼會沒風險呢？人世間難免有冤情，我也難免會被人責問，心中時時面臨不安與掙扎……」

說著，閻王順手拿張鼠皮，將靈魂包裹其中：「去吧，它最合適你。」

人生其實是不斷選擇的歷程，抉擇決定了每個人的人生。

如果抉擇是無可避免的，那麼，遇到緊急狀況，或是走到人生的十字路口，最應該做的一件事，無疑是平心靜氣地思索自己究竟想成爲什麼樣的人，然後坦然接受，而不是像故事中的靈魂一樣，一味試圖規避風險。

迷失的靈魂在套上了鼠皮之後，難道就沒有風險了嗎？

當然不是，老鼠的風險看來不少，只能躲在黑暗裡苟且生活，隨時都得躲避人、貓或其他動物的追捕。或許你會感到好奇，既然風險不輸其他生命，爲何閻王還要他投身當老鼠？

也許是「膽小如鼠」的隱喻，也許是爲了讓這個膽小的靈魂有更多考驗吧！當鼠皮套在這個害怕考驗的靈魂身上時，不知道你有什麼想法？

任何生命隨時都要面臨挑戰，即便是掌管生死的閻王也有自己必須面對的難題，一如星雲大師曾經說過的：「百年大樹，必經多少風霜摧殘；百丈高樓，必經多少物力艱辛；百年老店，必經多少興衰滄桑；百歲老翁，必經多少坎坷考驗。」

萬事萬物都有他們必須面對的困難，因為這是生命存在的最好證明，所以，不必羨慕別人的人生，因為他們曾經走過的艱辛絕非我們能想像的。當然，也別再埋怨命運的辛苦，因為那是我們必須面臨的難關，只要能走過困境，我們自然也能等到期盼中的快樂人生。

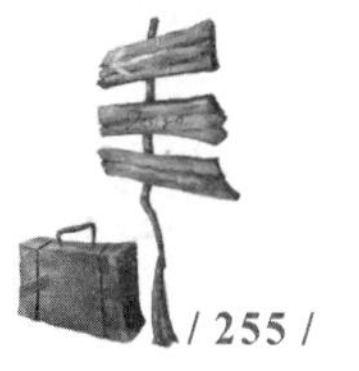

每個人都可以為自己創造奇蹟

生存不難，難在我們是否願意為自己爭取機會，爭取繼續突破難關的機會。積極地為自己爭取機會吧！每個人都能為自己創造奇蹟！

每個創造奇蹟的人都是這麼說的：「奇蹟怎麼發生的？其實我也不知道，我只記得當時我一直對自己說：『放心，我一定能想出方法！』然後，你們說的奇蹟就這麼發生了。」

明白其中的意思吧！其實，原理很簡單，只要我們記得，將一直操縱在別人手中的命運重新攞回自己的手心，自然而然便會知道，怎麼突破難關，怎麼創造生活的奇蹟。

有一頭老黃牛不小心掉進了一口枯井中，遠遠地，人們便聽見牠的哀嚎聲。老黃牛的主人一聽見牛的叫聲，立即辨認出是自家的老黃牛，於是召來鄉親，請他們一起想法子救出牠。

只是這口井實在很深，想把又高又壯的老黃牛從井裡救起，並不是件容易的事，大家左思右想，都想不出好辦法。

最後，大家束手無策，於是紛紛建議：「老黃牛已經這麼老了，就讓牠在那兒壽終正寢吧！」

「也好，反正那口井早晚都要封住，不如現在就把它封了。」老黃牛的主人忍痛說。

於是，大家拿起了鏟子，開始起一鏟一鏟地挖土填井。

不過，當第一鏟泥土落入枯井中時，老黃牛害怕地哞叫，似乎可以感受到人們的計謀。又是一鏟泥土落入了枯井中，這一次老黃牛卻什麼聲音也沒有，而且

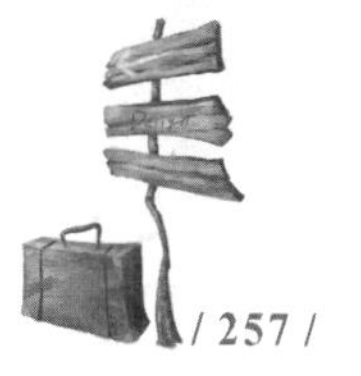

是出乎意料地安靜。

於是，有人靠近井邊，仔細觀察著老黃牛的動態。

他發現第二剷泥土落入，沉沉的泥土打在牛背上時，老黃牛竟然做出了一件令人驚訝不已的動作。「你們看！老黃居然將背上的泥土抖落，然後再將它們踩在腳下，牠為什麼要這麼做？」

人們一點也不明白老黃牛為何有這個舉動，不過他們卻更加積極地將泥土往枯井傾倒，至於老黃牛，則不停地將身上的泥土抖落到地上，讓自己不斷地升高。就這樣，老黃牛慢慢地升到了井口，並在人們驚訝得目瞪口呆的神情中走出了枯井。

你也感到驚訝嗎？還是覺得這是一件很自然的現象呢？

看見老黃牛積極求生的本領，我們無須訝異，因為這是萬物求生的「本能」，無論處境多麼艱困，萬物皆能為自己找到生存之道。只要不坐以待斃，採取積極

型動，我們便能從困境中找出一條脫困的路徑，就像故事中的老黃牛，最後不僅從人們的手中搶回生存權，更爲自己創造了生命的「奇蹟」。

生存不難，突破困境也不難，難就難在我們是否願意爲自己爭取機會，爭取繼續突破難關的機會。

當黃牛頑抗地將打在背上的泥土甩落地面時，隱隱地，我們似乎也聽見了自己心裡的鼓舞聲音：「為何要把人生交給環境和命運呢？積極地為自己爭取機會吧！因為，每個人都能為自己創造奇蹟！」

PART 8

找出癥結，問題才能解決

我們總是貪圖一時方便，眼不見為淨，
直到問題越滾越大，
到了難以收拾的地步，
才認認真真地坐下來「找問題」。

找出癥結，問題才能解決

我們總是貪圖一時方便，眼不見為淨，直到問題越滾越大，到了難以收拾的地步，才認認真真地坐下來「找問題」。

許多問題很難解決的原因，往往是因爲我們只是頭痛醫頭，腳痛醫腳，而不認眞找出眞正的癥結所在。

「鋸箭法」或許可以暫時讓麻煩消失，但是問題卻仍然存在著，不久之後，它又會惹出更大的麻煩。

美國首都華盛頓廣場的傑佛遜紀念館大廈已有相當久的歷史，建築物表面斑駁，後來竟然出現裂紋，當局採取了許多措施，耗費了許多金錢，依然無法遏止。政府部門非常擔憂，趕緊派專家查明原因、解決問題。

最初以爲侵蝕建築的是酸雨，後來發現不是。研究報告指出，損害大樓外觀的並不是酸雨，而是沖洗牆壁所用的清潔劑，這棟大廈每天被沖洗的次數，遠遠多於其他的建築物，受酸蝕的情形非常嚴重。

爲什麼這棟大樓需要每天沖洗呢？因爲有很多燕子聚集在這裡，大廈每天都被大量鳥糞弄得很髒。

那麼，爲什麼有這麼多燕子聚集在這裡？

因爲，大樓的牆壁上有許多燕子最喜歡吃的蜘蛛。

爲什麼會有這麼多蜘蛛呢？因爲，蜘蛛喜歡吃牆壁上的飛蟲。

爲什麼有這麼多飛蟲呢？因爲，這裡的塵埃最適宜飛蟲繁殖成長，所以產生了大量的飛蟲。

塵埃配合從窗外照射進來的溫暖陽光，正好形成了特別刺激飛蟲繁殖的溫床。

大量的飛蟲聚集在此，以超常的速度繁殖，於是吸引了蜘蛛。蜘蛛大量聚集，又吸引了燕子。燕子吃飽了，便就近在大廈上方築巢。

一勞永逸的方法並不是每日刷洗牆壁，而是找出問題的根源，拉上窗簾。沒有了充足陽光，又哪來的飛蟲、蜘蛛、燕子、鳥糞呢？從此以後，大樓再也不用每日沖洗了！傑佛遜紀念館大廈也因此至今完好。

只要找出問題的根源，就沒有解決不了的問題。

偏偏我們總是貪圖一時方便，眼不見爲淨，直到問題越滾越大，到了難以收拾的地步，才認認眞眞地坐下來「找問題」。這不是本末倒置嗎？

問題其實沒有我們想像中那麼可怕，但若是拖著不去發現、不去解決，治標不治本的結果才會使得問題越演越烈。

及早注意事情的小變化，就能幫助我們提早適應即將到來的大變化。解決問題並不困難，最困難的或許是，你一直沒有發現問題的存在！

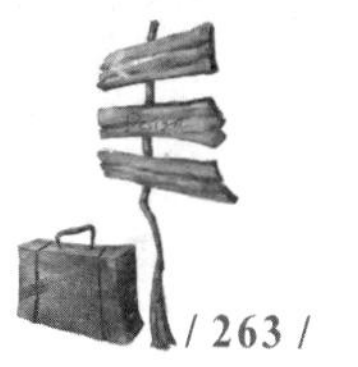

不肯低頭，就會吃足苦頭

我們的內心住著一個「賣包子的」，當遇上另一個「賣棉被的」，就成了誰也不肯先向誰低頭的局面，這又是何苦呢？

英國作家湯瑪斯·富勒在《箴言集》裡提醒我們：「世界是個梯子，有人往上攀援，有人則拾階而下。」

沒有人喜歡向別人低頭，但有時，低頭可能也會是一種高尚的行爲。

當面子和裡子不可兼顧時，你會捨棄哪一邊？

在寒冷的冬天裡，分別有一個賣包子的和一個賣棉被的不約而同到一座破廟中躲避風雪。天色已晚，賣包子的顫抖不已，而賣棉被的則是飢腸轆轆，但是他們兩個都相信對方會有求於自己，要是自己忍不住先開口，豈不是落入下風了？所以寧可挨餓受凍，也不肯做那個首先求助的人。

天色越來越暗，風雪越來越大，賣包子的故意大聲說：「好餓啊！我來吃個包子吧！」

賣棉被的不甘示弱地回嘴：「好冷啊！我蓋條被子吧！」

就這樣，挨餓的繼續挨餓，受凍的繼續受凍，誰也不肯先向對方低頭。

又過了一會兒，賣包子的又故意說：「還是很餓，我再吃個包子！」

賣棉被的也接著說：「越來越冷了，我再蓋條被子！」

於是，賣包子的一個又一個地吃著包子，賣棉被的一條又一條蓋上被子，永不低頭是他們的人生哲學。

結果怎麼著？你想也知道。

第二天，風雪停了，人們發現賣包子的凍死了，而賣棉被的餓死了。處處害

怕吃虧的結果，就是這種下場。

你可能會覺得故事中的兩位主角眞笨，只顧面子不要裡子，這種事怎麼可能會發生在我身上！是啊，到了生死攸關時，我們或許都會「聰明地」選擇裡子，捨棄面子，但是當事情只有芝麻綠豆般大小時呢？

殊不見，我們可以爲了賭一口氣而不吃飯，爲了逞一時之快而強顏歡笑。

爲了證明自己是個男子漢，我們寧可淋雨也不撐傘；爲了漂亮，寧可自己凍得發抖也不肯聽媽媽的話多加件衣服。上司故意找我碴，那就看誰比較狠！我就算丟了工作也不會向他低聲下氣！

事實上，我們的內心依然住著一個「賣包子的」，當遇上另一個「賣棉被的」，就成了誰也不肯先向誰低頭的局面，這又是何苦呢？

不肯低頭就會吃足苦頭，看別人的故事時，我們會覺得好笑，就不知道我們在別人的眼中，是不是也同樣可笑？

要對自己多一點信心

既然決定了，就不要再猶豫。只有當你相信你做的決定是正確的，你才可以把它實踐得好一點。

一位哲人曾經這麼說：「無法抱持著平常心，使得人們在面對理所當然的事情時，往往缺乏義無反顧的勇氣。」

越是簡單的事情，我們越擔心出錯，因爲一旦出錯了，豈不證明自己連這麼簡單的事情都做不好？

某天，博學多聞的妻子問同樣學富五車的丈夫：「一加一等於幾？」

丈夫聽了，覺得太太的問題中似乎暗藏玄機，因爲她的手中正好拿著一本哲學家羅素寫的書。

妻子的學問或許不如丈夫，但是，現在有了羅素作陪襯，眞教人不可小覷。

因此，丈夫反問：「妳指的是在正常情況之下？」

太太點點頭：「是啊！在正常情況之下。」

丈夫沉吟良久，偷偷地瞥一眼太太，看見她正不懷好意地微笑，心中更加謹愼了。趁著太太不注意，丈夫用電腦上網查了查有沒有相關的題目。「一加一等於幾」是「腦筋急轉彎」中很普遍的題目，可能等於「十一」，可能等於「王」，可能等於「田」，各種趣味性的答案不勝枚舉，但是太太指的是「在正常情況之下」。

丈夫不由得皺起眉頭，感到有些悲哀，連這麼簡單的題目也要勞駕電腦，眞是比三歲小孩還不如！

丈夫意圖四兩撥千斤，故意賣弄學問，硬著頭皮嚷嚷：「在動物那裡，它等於虛無；在商人那裡，它等於無限；在拿破崙那兒，它等於力量；在居里夫人那裡，它還是一……」

妻子打斷了丈夫的話，斬釘截鐵地說：「我和羅素只要你一個答案！」這招失靈了！丈夫只好把心一橫，勇敢地宣佈：「我的小學老師告訴我，一加一等於二。」

妻子聽了，笑得不支倒地，她說：「果真沒錯！羅素說得好，一加一等於二，這是眞理。面對眞理，你還有什麼好猶豫的呢？虧你還讀那麼多書！你呀，眞是太讓我失望了！」

面對擺在眼前的事實，我們不敢輕易相信；反倒是好不容易得出的答案，我們不疑有他。

人人都知道一加一等於二，但是當這麼簡單的問題擺在眼前時，我們卻都猶豫了。

因爲問題越簡單，我們越害怕做不好；事情越理所當然，我們越懷疑當中是不是眞有這麼理所當然。

俄國激勵作家索洛維克契在談論自信的時候說道：「一個人如果不敢相信自己，那麼他就不是一個聰明人，也無法成為一個有魅力的人。」

懷疑、恐懼、猜忌，都是打從自己心裡升起的。

世界上沒有永恆的眞理，我們所做的每一個決定，都是一場與眞理的拔河，既然決定了，就不要再猶豫。

只有當你相信自己做的決定是正確的，你才可以把它實踐得更好一點。

莎士比亞曾經寫道：「自信在任何時候、任何地方，都是一種支撐自己活得自在的心靈能量。」

要對自己多一點信心，自信是人生自在的法寶，在人生的過程中，如果你能充滿自信，然後全力以赴，不論遇到任何困難，你都可以輕鬆自在地做自己。

遵循自然，就能享受美好人生

自然不是一種嚮往，而是一種態度，在不妨害別人自由的前提之下，擴張自己的自由，才是最悠然自得的生活方式。

你知道什麼東西最令人嚮往嗎？是「自然」。

你知道世界上最吸引人的景色是什麼嗎？是「自然」。

你知道上帝賜予人們最大的享受是什麼嗎？是「自然」。

只有當一切遵循著「自然」的法則時，你才會看見人世間所有的美好。

迪斯尼樂園馬上就要對外開放了，然而一手建造它的設計師格羅培斯卻十分

頭痛。因爲各個景點之間的道路應該怎麼連接尚未有具體的方案，令這個世界知名的建築設計師感到非常焦躁。

一個偶然的機會下，格羅培斯來到了地中海濱，汽車在法國南部的鄉間公路上奔馳，觸目所見滿山遍野到處都是當地農民的葡萄園，吸引著大批遊客。當他們的車子拐入一個小山谷時，發現這裡停滿了車，似乎所有的遊客都聚集到這裡來了。

原來，這裡是一個沒有人看守的葡萄園，只要在路邊的箱子裡投入五法朗，就可以摘一整籃新鮮的葡萄上路。

據說，這是當地一位老太太的葡萄園，她因爲年紀老邁無力處理這些葡萄而想出來這個辦法，讓旅客們只要花一點點小錢就可以採得盡興，而箱子裡收集來的銅板也正好用來負擔葡萄園所需的開銷。

在這片綿延上百里的葡萄產區，老太太的葡萄總是最先搶購一空，這種做法深受人們喜愛，也使這位建築大師深受啓發。回到迪斯尼樂園，格羅培斯給施工部下了一道命令：「在空地上撒上草種，然後提前開放。」

迪斯尼樂園提前開放的半年裡，遊客們絡繹不絕，在草地上踩出了許多條小徑，這些人爲的小道有寬有窄，有直有曲，卻十分優雅自然。第二年，格羅培斯在草地上按著這些踩出來的痕跡舖設了人行道。

一九七一年，倫敦國際園林建築藝術研討會上，迪斯尼樂園的道路設計被評選爲世界最佳的設計。

「智者樂水，仁者樂山」，人們嚮往自由，因此喜好自然。

「自然」是世界運轉的基礎，就像春夏秋冬四季變換、生老病死一再輪迴，不都是自然的一部份？

有自然，就有生命；有自然，就有成長；有自然，就有善美，遵循自然，你就能享受美好的人生。

自然不是一種嚮往，而是一種態度，在不妨害別人自由的前提之下，擴張自己的自由，才是最悠然自得的生活方式。

試著把自己當成平常人

你的成就只能用來滿足自己，不能滿足別人。除非你願意把你的成就分給他，否則不要在他人面前誇耀自己的成就。

謙虛是一種人人都宣揚，卻沒有人實踐的美德。有成就的人以爲它適用於沒有成就的人，沒有成就的人卻認爲那是成功人士應有的態度。

平常人覺得它適於宗教人士，而宗教人士又以爲一般人應該遵守它。

結果，每個人都認爲自己是最不需要謙虛的人。

英國著名戲劇家、諾貝爾文學獎得主蕭伯納，一向對「平等」這兩個字有很深的體認。

一次，蕭伯納漫步在莫斯科街頭，遇到一位聰明伶俐的小女孩，一時興起，便和她玩了一個下午。

告別時，蕭伯納想要讓小女孩受到讚賞，便對小女孩說：「回去告訴妳媽媽，今天陪妳玩的是世界著名的文學家蕭伯納。」

沒想到小女孩只是望了蕭伯納一眼，學著大人的口氣說：「回去告訴你媽媽，今天陪你玩的是莫斯科的小女孩安妮娜。」

蕭伯納聽了，一時語塞。

後來，他經常回憶起這件事，並且感慨萬分地說：「一個人不論有多大成就，也都應該要和其他人平起平坐。永遠都要保持謙虛，這是莫斯科小女孩給我上的一課，我永遠也不會忘記她！」

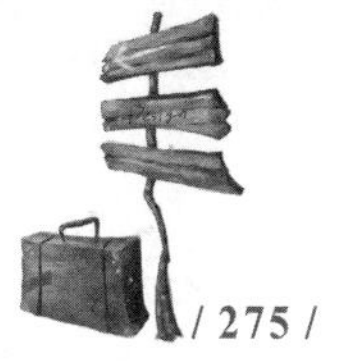

當你覺得自己是「誰」的同時，你「誰」也不是。

永遠不要忘記，成就只是一件關起門來的事。當你獨自一個人時，你可以猖狂，可以得意，可以驕傲，但是一旦你走出房門，你有多了不起只是你家的事，在別人眼中，你不過是平常人一個。你無權要求別人爲你歡呼喝采，當然，也沒有權力要求別人記住你是「誰」！

放心，少了你，地球一樣在轉動。

你的成就只能用來滿足自己，不能滿足別人。除非你願意把你的成就分給他，否則不要在他人面前誇耀自己的成就。

認清自己是最高智慧的表現

認清自己，才能進一步改變自己。我們總是在學習中犯錯，在犯錯中領悟，在領悟中成長，一步一步走過來的。

愛因斯坦說：「世界上只有兩種東西堪稱無限，一種是宇宙，另一種則是人類的愚蠢，但是至今，我仍然比較相信後者。」

正因爲人類的愚蠢無限，所以我們永遠都需要獲得更多的智慧，好用來彌補自己的缺陷。

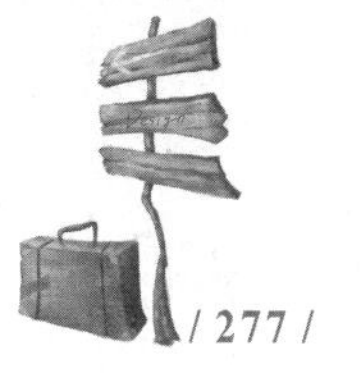

從前有一隻烏龜，人小志氣高，一心想要獨佔全世界的智慧，做世界上最聰明的動物。

烏龜希望每種動物遇到問題時，都不得不向牠請教。

這樣的話，也許自己還可以藉此做上幾筆賺錢的買賣呢！精打細算的烏龜沾沾自喜地想著。

烏龜決定出門去蒐集世界上所有的智慧，只要是蒐集到的，都裝在一個瓶子裡，然後用一捲樹葉把瓶口塞得密不透風。

有一天，烏龜覺得自己已經蒐集了世界上所有的智慧，便決定把這個瓶子藏到一棵任誰也爬不上去的椰子樹上。

烏龜來到椰子樹旁，在瓶子上面繫上一根繩子，然後把這根繩子結成繩圈套在自己的脖子上，這麼一來，瓶子就垂在牠的肚子前面了。大功告成之後，烏龜試著往椰子樹上爬，卻怎麼爬也爬不上去，因爲肚子前面的瓶子老是妨礙著牠。

每當牠爬了幾步，就會被瓶子絆住，硬生生地滑回原地。烏龜試了好幾次，皆以失敗告終。這時，牠聽見有人在背後笑著。回頭一看，是一個小男孩睜著骨

碌碌的雙眼正盯著牠看。

「朋友，」小男孩說：「如果你想要爬到樹頂上去，爲什麼不把那個瓶子掛在背後呢？」

這其實是一句中肯又平常的勸告，這下子，烏龜總算明白了。這個世界上還遺留著許多智慧尙未被發掘呢！自己蒐集來的這一點智慧又算什麼呢？烏龜覺得枉費自己花了這麼大勁兒，這件工作眞是自討苦吃！一氣之下，當場就把那個裝著智慧的瓶子狠狠往地下一砸。

瓶子在樹底下摔碎了，智慧一小片一小片地散佈到全世界。如果用心尋覓的話，任何人都能夠找到一些的。

認清自身的缺點，是一個人最高智慧的表現。只有最愚蠢的人，才會認爲自己什麼都懂；當你明白了自己的不足，雖然還稱不上聰明，但至少你已經遠離了愚蠢。

認清自己，才能進一步改變自己。

沒有人一生下來就是天賦異稟，我們總是在學習中犯錯，在犯錯中領悟，在領悟中成長，一步一步走過來的。不管你曾經蹉跎了多少光陰，不管你曾經犯下了多少錯誤，從這一刻開始，如果你願意用心尋覓的話，一定還能找到一些智慧的碎片。

學會放下，活在當下，當你把這些碎片集合成一幅完整畫面時，相信你也已經拼湊出屬於自己的美好人生。

敵人讓我們更能奮發向上

敵人激發了我們的彈性，磨練出我們的韌性，人生不能沒有朋友，但是也不能缺少敵人。敵人，往往是最懂得欣賞我們的人。

「不足以構成敵人條件的人，也沒有資格做你的朋友。」

英雄惜英雄，最讓你感到威脅的人，通常也是最清楚你的缺點，最能激發你潛力的人。除了他之外，還有誰這麼在意你的一舉一動呢？

有兩位雕塑家在國際間都享有盛名，可是兩人誰也不服對方的手藝，經常對

著媒體記者互相批評。

「他最近的那部作品，頭部的雕塑太匠氣了！」

「他的刀法過於粗糙，真是越活越退步，不知道是想表現什麼？」

兩個人一來一往，不停地隔空喊話，中傷對方，他們平時不相往來，卻又密切注意彼此的一舉一動。

有一次，其中一位雕塑家為了趕上一個國際大展的展出時間，在工作室中日以繼夜地連續雕塑了三天三夜。除了認真雕塑，全心投入工作之外，什麼都不聞不問，吃喝拉撒全都在工作室裡。

就在工作接近尾聲時，有一位記者來看他，這時雕塑家正仔細地用雕刻刀修飾雕像的手，一邊工作一邊發牢騷：「我那個死對頭，一定又會在這裡雞蛋挑骨頭的！我真不明白，他為什麼就是喜歡專找我碴！」

記者不解地問他：「你既然知道他會批評這個地方，為什麼不先把它做到最好，讓他無話可說呢？」

雕塑家微微一笑，說道：「我就是喜歡看他批評我，批評得咬牙切齒的模樣，

這個世界上只有他懂得批評我！」

記者接著說：「我是來告訴你一個消息的，你的死對頭，昨天忽然心臟病發，已經去世了。今年國際大展的光環，恐怕非你莫屬了！」

雕塑家聽了，一言不發，手裡握著的工具「鏘」的一聲掉到地上了。

從此，這個雕塑家就再也沒有獨具創意的作品問世了。

雕塑家因爲有對手的批評才能益發使得創意源源不絕，少了一個批評的人，他也失去了繼續創作的動力。只有觀衆卻沒有評審的舞台，畢竟是寂寞的。

你的敵人，通常也是最能令你成長的人。因爲有他的存在，你才會努力做得更好，你才會發現自己竟然也可以這麼好。

我們的對手，激發了我們的彈性，磨練出我們的韌性，造就了我們不服輸的個性。除了他之外，還有誰可以令你如此奮發向上？人生不能沒有朋友，但是也不能缺少敵人。敵人，往往是最懂得欣賞我們的人。

因果報應自有其機制

報與不報不是一時，而是一生，你只需相信，曾經在心田播撒的任何一顆種子，都會有開花結果的一天。

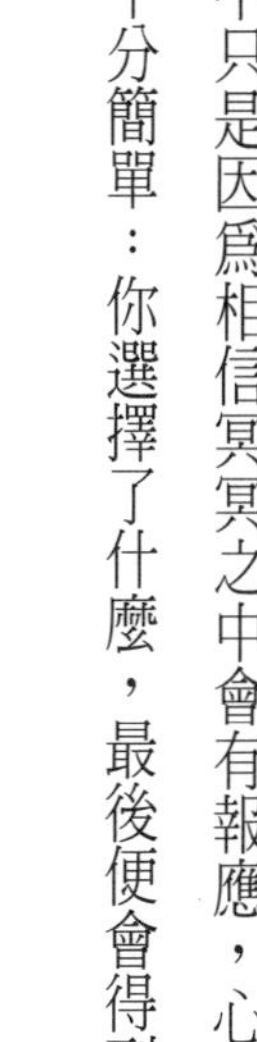

世界這麼邪惡、混亂，你相信做壞事的人一定會有報應嗎？

我相信。不只是因爲相信冥冥之中會有報應，心理比較容易平衡，更因爲世事運轉的原理十分簡單：你選擇了什麼，最後便會得到什麼。

一個商人翻越一座山時，遇到一個攔路搶劫的土匪。

商人立即拔腿就跑，但是土匪窮追不捨。走投無路時，商人鑽進了一個黑漆漆的山洞裡，土匪也跟著追進去。

在山洞深處，商人逃不過土匪的追逐，黑暗中，被土匪一把逮住了，遭到一頓毒打。他身上所有財物，包括一把照明用的火把，都被土匪搶走了。

幸好，土匪只奪財不奪命，受了傷的商人仍有行動能力，可以四處尋覓走出山洞的路。

這兩個人各自尋找山洞的出口，山洞又深又黑，而且洞中有洞，縱橫交錯。當初進來時只顧著一個跑一個追，如今兩個人置身在洞裡，像置身於一個地下迷宮，怎麼找也找不回原來的路。

土匪慶幸自己從商人那裡搶來了火把，於是將火把點亮，藉著火把的亮光在洞中行走。火把爲他的行走帶來了方便，可以看清腳下的石塊，看清周圍的石壁，所以他不會碰壁，也不會被石塊絆倒。只是，他走來走去，就是走不出這個蜿蜒崎嶇的山洞。最後活生生地餓死在山洞裡了。

商人失去了火把，沒有照明，在黑暗中摸索行走得十分艱辛。他不時撞到牆

壁，被石塊絆得鼻青臉腫，好不悽慘。但是，正因爲他置身於一片黑暗之中，所以眼睛對光線特別敏感，可以敏銳地感受到洞口透進來的微光。商人迎著這縷微光摸索著爬行，最後終於走出了山洞。

土匪以爲自己很幸運，沒想到，他搶來的火把不是幸運，而是楣運的開始。

冥冥中，一切自有安排，害你的人往往就是你自己。

有人經常抱怨說，做了好事怎麼沒好報，而做壞事的人卻反而逍遙自在？如果做好事還需講求回報，那怎麼能稱得上好事？最終目的也只是爲你自己好而已。「善惡因果終有報，只爭來早與來遲。」報與不報不是一時，而是一生，甚至是累世的。

一顆樹木的長成，有的需要一年，有的要十年，每一棵枝芽的生長速度都不同。世事也是如此，你只需相信，曾經在心田播撒的任何一顆種子，都會有開花結果的一天。

小心聰明反被聰明誤

凡事要有預備才能安全，聰明的人知道「一分耕耘一分收穫」，沒有任何一種收穫是不需要付出代價的。

義大利作家德蕾達曾經寫道：「人犯罪，也在罪惡之中得到懲罰。」

凡事有因就有果，這個世界是一面鏡子。當你看見醜惡的人，其實你也看見了自己醜惡的內心。

有一座價值連城的古墓，當政府去將它收歸管理時，已經被人盜過了，但是

古墓中一件最有價值的珍品卻沒有被取走，這是爲什麼呢？難道是盜墓者這麼不識貨嗎？

這個珍品沒有被盜走的原因，是因爲盜墓時有兩個以上的人。

作業時，其中一個或幾個人在上面用繩子拉，一個人則在下面將東西往上頭送。下面的這個人懷著私心，把一件最好最貴的一樣東西，綁在自己身上，揣在懷裡，準備出去以後獨吞。

上面的人也沒懷什麼好意，既然一些寶物都拉上來了，下面的那個人也就沒有作用了，少一個人分贓，大家都可以多分點好處，何樂而不爲呢？

結果，古墓裡的那個盜墓賊，就這樣和這件稀世珍寶，一起與古墓主人長眠於地下。

有一個笑話是這麼說的：有一個人，他的機車經常被偷，於是他就想出一個方法，預防他的第八輛機車被偷。

只見他在車子上面加了四個鎖，並且貼上一張紙條，上面寫著：「看你怎麼偷！」

等到他回來時，車子果然還在原地，他正要開口大笑時，發現機車上面多了一個鎖，鎖上附著一張紙條，上頭寫著：「看你怎麼騎！」

有時聰明反被聰明誤，人可以不聰明，卻不能不存善心。人算不如天算，真正的聰明是明白群體關係，了解事理的融和，懂得守法的重要。聰明的人知道「豫則立」，凡事要有預備才能安全，聰明的人知道「一分耕耘一分收穫」，沒有任何一種收穫是不需要付出代價的。

PART 9

享受生活中的小事就是幸福

其實只要懂得享受生命，
幸福生活也可以很簡單。
人活著，就必須讓自己真正去體驗生命。

懂得付出，才能活出生命的價值

在每個角落有許多需要關懷的人正默默等待著愛，將無數的小愛化為大愛，這就是生存的意義。

有位哲人說：「真正的愛心，是照顧好自己的這顆心。」

愛，是一種付出，付出越多，越能刺激它的生長。每一個活在世界上的人，都需要別人的關愛，也要學習如何去愛別人。

然而愛，必須以健康的方式來進行，它是一種可以讓人改變身心的高貴情操，不要求回報，不計較得失，在付出的同時，自己也活得更有意義。只有這樣，才能稱得上是眞正的愛。

有位守墓人每個星期都會收到一位陌生婦人的來信，信裡面總是附上鈔票，交代守墓人買一束鮮花，放在她兒子的墓前。這樣的日子一連過了好幾年，但他們彼此都沒見過面。

有一天，一輛轎車來到了公墓大門口，司機匆匆忙忙走下車，來到守墓人的小屋，告訴守墓人：「車上有位婦人想見你，但是她病得很重，無法下車，是否可以請你走一趟呢？」

守墓人走到車旁時，果然看到一位面容憔悴，但又有幾分貴氣的老夫人坐在車上。她眼神哀傷、毫無精神，懷中抱著一大束鮮花。

「你好，我是亞當夫人。」她伸出手來，對守墓人說：「這幾年來我每個禮拜都寄錢給你……」

守墓人握著亞當夫人無力的手回答：「買花。」

「是的，爲我兒子買花。」

「我不曾忘記您的囑咐，夫人。」

「今天我親自來到這裡……」亞當夫人停頓了一下，「是因爲，我快死了，醫生告訴我，我最多只能再活幾個禮拜。死了也好，我一個人孤獨地活在世上也沒什麼意義，我只想再看兒子一眼，所以親自來送花給他。」

扶著夫人緩慢地來到墓前，看著她將花放下，守墓人靜默了一會兒，終於忍不住開口：「鮮花擱在那兒，沒幾天就枯萎了，既沒人聞，也沒人看，其實很可惜……」

「你是如此覺得嗎？」亞當夫人認眞問著。

「是的，夫人，請您別見怪。」守墓人遲疑了一下，繼續說：「我常常到醫院或者孤兒院探望那些需要照顧的人，他們過得很辛苦，但是總是對生命懷抱希望，他們喜歡看花，也喜歡聞花兒的香氣，更非常努力地在世界上活著。可是躺在墓地裡的，有哪一個是活著的？」

老夫人無言地坐著，默默禱告一陣子後，沒說什麼就離開了。守墓人有些懊惱著自己的行爲，他擔心這一番話太直接，會讓老夫人受不了。

幾個月後，老夫人忽然來訪，而且是自己開車來，守墓人驚訝地望著她。

只見她笑著說：「我把花都送到醫院跟孤兒院了，那裡的人們看到花兒可高興了，連我也感受到快樂的氣氛，病情也好轉了，雖然醫生不明白爲什麼會這樣，但是我知道，因爲自己活著還有些用處。」

亞當夫人對孩子的愛，當然不容否定，但是她放任自己沉浸在喪子的悲痛中，整日悲傷，看似憐憫年輕生命的早逝，其實是在可憐自己，覺得自己已經沒有活在世上的價值。

正是這樣的念頭把她推向死神，直到守墓人的一席話點醒了她。

每個人的一生中，都會有自己想要守護、關愛的對象，當這個目標消失時，是否就失去生存的意義呢？

既然活著，就要活得有價值，不要忘記，在每個角落都有許多需要關懷的人正默默等待著愛，將無數的小愛化爲大愛，這就是生存的意義。

英國思想家培根曾說：「一個人如果能在心中充滿對人類的博愛，那麼他雖在人間，也就等於生活在天堂之中了。」

如果人人都願意獻出自己的愛心，那麼，待人接物必然更加寬容，這個世界也必定會變得更加璀璨溫馨。

愛，是人類最高尚的行爲表現，人世間的一切都有消滅的一天，唯有愛心例外。

眞正的愛，是推己及人，最重要的是，當你能照顧好自己，才能愛護別人。因爲愛，是來自於快樂的人。

享受生活中的小事就是幸福

其實只要懂得享受生命，幸福生活也可以很簡單。人活著，就必須讓自己真正去體驗生命。

人們會因爲外在環境而影響自己的心性，在忙碌、狹窄的空間，不知不覺中心胸也跟著狹窄，鑽牛角尖，進而影響自己的生活，對一切失去熱忱。

其實，我們所處的環境帶來怎樣的影響，都與我們自身脫不了關係。要是不能用心去感受它，即使再好的生活條件，人生還是沉重的。

所謂的生活的樂趣只是一種感覺，常常就在自己的身邊，只是我們沒有發覺而已。每個人都有每個人的快樂，只要能用開闊的心胸生活。

一個富商身染重病，時日無多，有一天他躺在床上休息時，聽到窗外傳來一陣嘻笑聲，原來是廣場前有一群孩子在雨後抓蜻蜓。於是他把四個年輕的兒子叫來床邊，對他們說：「我已經好多年沒見著蜻蜓了，你們到空地上捉幾隻過來讓我瞧瞧。」

不一會兒，大兒子就帶了一隻蜻蜓上來。富翁問他怎麼那麼快就回來，而且才抓一隻而已，大兒子回答他：「我希望能讓爸爸快一點看到蜻蜓，就用您剛剛送我的那台遙控車，跟小朋友換了一隻蜻蜓。」

富商聽完，若有所思地點了點頭。

又過了一會兒，二兒子也回來了，手上捉著兩隻蜻蜓。富商問他蜻蜓是怎麼抓來的，二兒子告訴他：「我把剛剛您送我的小飛機用三分錢租給一個小朋友，然後拿其中的兩分錢跟另一個小朋友租了兩隻蜻蜓。」

富翁聽了，不禁笑了笑。

不久，老三也上來了，而且帶來十隻蜻蜓，富翁又問了他同樣的問題。

「爸爸，要不是怕您等不及，原本我可以帶十五隻蜻蜓回來的。剛剛我把您給我的模型汽船舉得高高的，問問看有沒有人要玩，想玩的只要交一隻蜻蜓。」富翁聽了，拍拍三兒子的頭。

過了好一陣子，小兒子才慢吞吞的走上來，只見他滿頭大汗，衣服上沾滿灰塵跟泥土，手上一隻蜻蜓也沒有。

富翁問：「孩子，你怎麼把自己弄成這樣呢？」

小兒子低著頭，愧疚的說：「我捉了老半天，一隻也捉不到，就乾脆坐在地上玩您給我的小火車，我想著說不定小火車可以撞上一隻跌落在地上的蜻蜓。後來看到哥哥們都離開了，等了一陣子還是沒撞到蜻蜓，只好回來了……」小兒子愈說愈小聲，忍不住哭了起來。

富翁慈祥的笑了，將四個兒子摟在懷裡，替他們擦掉臉上的汗珠。

第二天清晨，當兒子們要向富翁請安時，才發現他已經過世了。他們在富翁的床頭發現了一張小紙條，上面寫著：「孩子們，我需要的並不是蜻蜓，而是希望你們能感受到捉蜻蜓的樂趣。」

在追求生活的目標時，我們常常忘記這樣做的原意何在。長輩們總是諄諄教誨著要如何如何為將來打算，之後才能過好的生活，老了才會幸福，可是當我們達成所謂「好生活」時，卻不一定快樂，因為在這段「努力」的過程中，已經忘了如何過「好生活」，甚至不知道怎樣才稱得上好。

其實，只要懂得享受生命，幸福生活也可以很簡單。

人活著，就必須讓自己真正去體驗生命，即使是一個抓蜻蜓的動作，都能讓人樂在其中。如果人生只能選擇這樣過，那就敞開心胸，去擁抱、接受、品味它。沒有嘗遍酸、甜、苦、辣，怎能了解生命的樂趣呢？

生命不會是一成不變的

生命中沒有不會改變的東西，就算是親情、愛情，也會有情感濃淡轉換的差別，變化是在無聲無息中進行的。

當我們面對困難時，常常會感到無比難受，那是因爲問題不好解決，在不斷的失敗中，痛苦指數自然上升。

要是同樣的問題到了別人手上，卻能輕輕鬆鬆迎刃而解，這時候就該好好檢討自己，是眞的技不如人，還是另有隱情呢？

再看看別人所使用的方法，或許你會發現，方法其實並不難，但爲什麼當初就沒有想到？

那可能就是固執而造成的刻板印象綁住了你。

在一個炎熱的天氣裡，佛陀一行人經過一片森林，日正當中時，他們停在樹蔭下休息。佛陀覺得口很渴，就對身邊的弟子阿難說：「不久之前我們不是有路過一條小溪嗎？你前去幫我取一些水回來。」

阿難聽完佛陀的吩咐馬上起身往回走，走到小溪旁時，發現因爲剛剛的車隊經過，溪水變得非常混濁，於是就空手而回。阿難告訴佛陀：「小溪的水實在太髒，不能喝了。請允許我繼續往前走，我知道距離這幾里處有一條小河，可以去那邊取水。」

佛陀說：「不用了，你回到剛剛那條小溪取水就可以了。」

阿難雖然心裡不服氣，還是乖乖走回去。

他邊走邊想著，這樣做只是浪費時間白跑一趟而已，溪水還是很髒不能喝，那有什麼意義呢？當他走到一半時，越想越困惑，於是就跑回去問佛陀，爲什麼

一定要取那條小溪的水。佛陀沒有解釋，只是堅定地說：「你再去一趟。」阿難只好遵從。

當阿難回到小溪旁時，才驚訝地發現到溪水又回復到原來清澈、乾淨的模樣，泥沙已經消失了。

阿難開心地在水壺裡裝滿水，輕快走回去，跪在佛陀跟前說著：「感謝老師給我上了偉大的一課，我現在終於知道，沒有什麼東西是永恆的。」

固執，並非缺點，因爲執著於某個信念，能讓人堅持下去。但是若固執變成頑固不知變通時，那就要小心了。

堅持己見，會讓自己故步自封，不願意接受新的知識，不肯嘗試新的方法。當環境正在改變，卻還固守舊有的理論和方法而自以爲是時，等在前方的結果就是被自然淘汰。

在萬物的生存史中，能留下來的生命往往是經過演進改造的，絕種的動、植

植物，則是無法適應環境而消失的一群。

同樣的，生命中沒有不會改變的東西，就算是親情、愛情，也會有先後濃淡的差別。不管帶來的感覺是好是壞，最重要的是你要懂得調適自己，以萬全的準備去面對環境改變。

人與人相處也是如此，有時候，要讓自己加快腳步，好跟上前面的隊伍；有時候則可以慢下速度，讓自己有時間和空間獨立思考和觀察，因爲變化是在無聲無息中進行的。永恆，只在剎那間，你只能珍惜、回味它。

信用一出賣，生活只剩債

人與人的交往中，信用是維繫彼此關係的重要條件，莫讓自己失去最寶貴的、難再買回的信用。

金錢在愚者手中是墮落的元素，在智者手裡則會成爲無法估算的力量。

人類生活中的煩惱有百分之八十與金錢有關，然而人們在處理金錢問題時，卻常常陷入盲目之中。的確，錢不是萬能，但是沒有了錢卻萬萬不能，所以理財的方法也是一大學問。財富可以是最好的朋友，也可能是最大的敵人，無法正確駕馭它，就會成爲金錢的奴隸。

不過，最重要的是，別因爲錢財而喪失了信用，因爲信用比黃金還要珍貴。

黃金易得，信用難求。

阿曹與阿如是一對貧窮的夫妻，靠養豬維生。由於生活十分清苦，兩人將所有希望都寄託在豬群身上，每天阿如將豬隻餵得飽飽的，阿曹則天天幫小豬洗澡，希望牠們健健康康長大。

不負期望的，豬仔個個長得肥肥胖胖，奇怪的是，偏偏有一頭豬怎麼吃也吃不胖，乾乾瘦瘦的，看得兩人滿肚子氣。後來，阿曹不幫牠洗澡了，阿如也有一餐沒一餐地餵著，瘦豬就這樣可憐兮兮的躲在角落裡。

有一天，阿如正在餵豬時，來了一個外地的商人，看著豬群嘴裡不停唸著：「寶豬，眞是寶豬啊！」

阿如聽了很得意，馬上說：「我養的豬又肥又胖，客人，你要買哪一隻？」

商人指著那隻瘦瘦髒髒的豬說：「我出五百兩買牠。」

阿如聽了不可置信，以爲那個人的腦筋有問題，就好奇詢問原因。商人要阿

如保證不反悔，才願意將原因告訴她。阿如答應了，反正能將瘦豬賣五百兩，阿曹一定會誇讚她。

商人告訴阿如，那頭豬有一條很粗的大腸，把它滴成油做成蠟燭在夜裡點燃，就會出現很多金銀財寶，燒得越短出現越多。之後商人表示身上沒帶那麼多錢，約定明天再拿錢來買豬。

阿曹回來知道這件事後，馬上罵阿如：「妳這個笨蛋，這麼好的豬怎麼可以賣給別人！」說完馬上跑到豬圈把瘦豬殺了，找出大腸，照著商人的話做成蠟燭。

太陽下山後，他們在房裡點燃，空中果然出現一堆金銀財寶，夫婦倆伸手去抓，可是不管用什麼方式，就是拿不到。後來蠟燭燒盡，金銀財寶也消失了，阿曹心急地又跑到豬圈，把剩下的豬全殺了，將豬大腸做成蠟燭，可是點燃後什麼也沒出現。

隔天一早，商人看到一片混亂，心裡大概有了底。阿曹一見商人馬上抓住他的領子大罵：「都是你，害我損失了所有的豬。」

商人推開阿曹，冷冷地說：「在蠟燭燒盡前要把火吹熄，這樣珠寶才會掉下

來。你們不守信用在先，白白浪費一頭寶豬啊！」

結果，阿曹夫婦倆不但沒賺到五百兩，還平白無故損失了所有的豬。

人與人的交往，信用是維繫彼此關係的重要條件，一旦失去它，就失去做人的根本，也失去了再獲利的基礎，這就是爲什麼用不法手段賺來的錢，往往會快速流失的原因。失去了信任、人際關係和友誼等等，無異於失去金錢買不到的無價之寶。所以，別因爲一時的貪婪而鑄下大錯。

現代人習慣今天花明天的錢，造成了信用卡、現金卡的盛行。或許一卡在手，可以省掉很多麻煩，但是天下沒有白白送上門來的錢，該還的還是得還，如果不正確使用這些看似方便的塑膠貨幣，只會造成日後的悲劇。

金錢並不是最值得追求的東西，只能把它當成一種生活的工具，所以處理錢財問題務必小心，莫讓自己失去最寶貴的、難再買回的信用。

無須在意別人給你打的分數

我們必須學著尋找出自身的優點，建立自信心，活出燦爛的生命色彩，只有自己才是最忠實的價值判斷者。

法國的大思想家盧梭曾經說過：「人的價值，是由人自己決定。」沒有一個人可以獨自活在世上，都需要過著群體的生活，但是也因此自然而然會出現比較，會想要分出高下，然而判斷的標準又在哪裡？是學歷、事業還是錢財？或者是誰最有勇氣、愛心和智慧？

這些或具體或抽象的標準，都無法衡量人的價值，就算是傳說中造人的女媧，也無法分辨什麼樣才是最好的。

一個人的價值，絕對不是由他人或身外之物來決定，而是源於自己。只要我們活得自立自尊，自重自愛，就是一個有價值的人。

有一天，所有的動物聚集在森林裡，爭論著誰最偉大，大家七嘴八舌地討論，甚至激烈爭執，還是無法分出高下。這時候，狗說話了：「我看，就請人類來爲我們評定誰才是最偉大的動物，排出個名次吧！」

馬也附和著狗的意見：「這個決定不錯！人類沒有參與我們的爭論，應該可以公平下判斷。」

「人類行嗎？」花貓懷疑地說著，「這可是需要最仔細的洞察力，才有辦法看見我們內心的高貴。」

「我不相信人類有敏銳的觀察力。」田鼠不以爲然地說著。

「大家統統閉嘴！」馬大吼了一聲，「只有沒有信心的傢伙才會對自己的能力懷疑，不敢接受評斷。」

於是，人類就被請到森林裡當裁判。

評斷開始之前，森林之王獅子威嚴地對人類說：「你可否告訴我們，你是以什麼標準來替我們下評論？」

「標準啊……」人類插著腰撫著下巴，說道：「當然是以你們對我們人類的貢獻來判斷囉！」

「吼！」獅子大叫了一聲，「這算什麼標準！如果這樣的話，我豈不是比一隻驢子還不如？你不配做個公正的裁判。」說完就生氣地離開了。

其他動物聽到獅子這樣說，也紛紛起鬨，人類只好攤攤手無所謂地離開了。

這時候田鼠嘲諷說：「現在連獅子也認為人類不能成為公正的評斷者，看來牠跟我想的一樣。」

慢慢踱步回來的獅子聽了之後輕蔑地「哼」了一聲：「我的想法才不止這樣。」獅子繼續說：「仔細考慮過後，我認為等級的高貴之爭是沒有意義的。不論是誰把我視為高貴還是低賤的動物，都和我無關，只要我清楚地知道自己的偉大，那就夠了。」

聽完這席話，充滿智慧的大象、勇猛的老虎、穩重的黑熊、聰明的狐狸等都知道了自己的價值何在，一個個都挺起胸膛，自信地離開。

很多時候，我們常常會問別人：「你覺得，我是一個怎樣的人呢？」當我們這樣問時，通常希望聽到的答案是讚美，因爲人類的天性中，多多少少隱藏著自卑感，因此需要外在的鼓勵來建立自信，肯定自己，這不失爲一個幫助自己成長的好方法。

不過，答案若不如預期，或者只是善意的謊言呢？聽在心裡必定會有些許的不愉快，假如能從中改進，就是一種助力。然而，如果非但沒有得到自信，反而一蹶不振、自暴自棄，那豈不是弄巧成拙？

因此，我們必須學著尋找出自身的優點，建立自信心，收起自卑，不害怕別人的眼光或嘲笑，努力活出自己的生命特色，活出燦爛的生命色彩，讓自己成爲一個最忠實的價值判斷者。

把頭埋起來，不代表問題不在

我們選擇用「善意謊言」來安慰自己犯下的錯誤，就像鴕鳥一樣，以為將頭埋進沙子裡，看不見就等於不存在。

逃避得了別人，卻逃不過自己。

爲什麼困難與挫折總是不受人歡迎？因爲它們是苦澀的、難受的，除非不得已，沒有人會願意擁抱它。

因此，不如意時，總希望能將自己隱藏起來，最好能從空氣中蒸發，這樣就不用面對現實，也能落個輕鬆。

這樣的行爲一次兩次還能被諒解，但是一輩子逃避，只會把人生也跟著逃掉了。

偶爾心煩時，做做白日夢，假裝自己已經隱形倒是可以，如果完全沉迷其中，受傷的將是自己。

從前有一個楚國人好吃懶做，整天躺在床上，動也不想動，只會做著白日夢，希望光躺著，錢就能從天上掉下來。家裡的生活越來越困苦，祖先留下來的遺產一點一點地花光，全家人只好從大房子搬到小房子，再從小房子搬到破屋子，日子過得很困苦，可是他仍不知檢討。

有一天，他到街上閒晃，正巧聽到說書人講到：「螳螂為了抓到蟬，就找了一片可以隱藏自己的葉子，將自己隱形起來。」

他聽完後開心地往家裡跑，心裡想著：「如果我也可以找到一片讓自己隱形的葉子，那不就可以輕輕鬆鬆發大財了？」

於是他走到屋前的樹林裡，開始尋找螳螂，找了很久才看到一隻螳螂站在一

片葉子上。他設法將葉子摘下來，結果葉子從樹上落下時，正好掉到地上的一堆落葉上，他沒辦法判斷，只好將好幾斗的樹葉全掃回家中。

回到家後，他拿起葉子一片片放在身上，每放一片葉子就問妻子：「妳看得到我嗎？」

剛開始妻子還很有耐性的回答：「看得見。」幾次過後，妻子再也受不了了，敷衍地說：「看不見了啦！」

他一聽到妻子看不見自己，開心地把葉子插在頭髮上往大街走去，聞到包子傳來的香味，便從攤子上隨手拿起一個包子塞進口裡就離開。

小販原本要喊住他，但是需要招呼的客人很多，又看這個人全身穿得破破爛爛的，以爲是瘋子，就隨他去了。

之後，他走進酒家，拿走客人擺在桌上的一瓶酒，客人忙著聽說書，也沒注意到，他高興極了，以爲自己眞的隱形了。

於是，他大搖大擺走進衙門，當著縣老爺的面將放在桌上的官印拿走，當然馬上被抓起來。

縣老爺問清原因後雖然覺得很可笑，但還是得依規矩，賞了他二十個大板後才放他回去。

二十大板對楚人來說算是很輕微的教訓，竊取官印的罪行可是相當重大的。這則故事看起來或許可笑，甚至有人會不屑地說：「天底下哪有那麼笨的人？」

的確，楚人的行爲很愚蠢，但是，現實中就有許多人，正在做著同樣的事，那就是欺騙自己。

當我們不願意承認或者不想要面對自己的錯誤時，便選擇用「善意謊言」來安慰自己，就像鴕鳥一樣，以爲將頭埋進沙子裡，看不見就等於不存在。但誰都知道，那只是自欺欺人而已。

面對困難需要勇氣，或許路途中會受傷，會有所延誤，但是只要勇敢面對，最終會走到目的地。

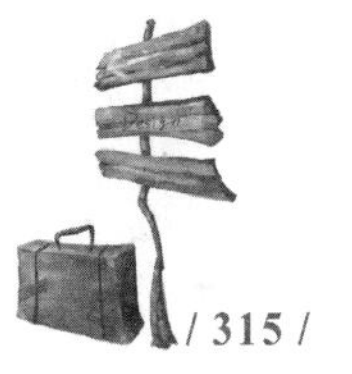

助人，也要審時度勢

社會上還有許多需要我們伸出援手的人，只要衡量自己的能力，每個人都可以適度給予別人幫助。

雖然說助人爲快樂之本，但伸出援手之前也要在心中有個底，別一頭熱地投入救援，而忘了自己有多少能耐，否則人還沒救成，自己就先出狀況，反而成爲他人的負擔。

這個社會當然需要一群爲善之人，才能和樂安穩，只是要記住一點，爲善之前一定要謹慎。

齊王生了一場重病，召集了全國最優秀的大夫都無法醫治，就在大家都束手無策時，有大臣建議太子前往鄰國尋找醫術精湛的大夫。許多大夫在了解齊王的病症後，都表示已無法醫治而不願前往，就在大家都快放棄時，有人在宋國找到一位名叫文摯的大夫，有著妙手回春的稱號。經過眾人再三請求，文摯終於願意前往齊國。

文摯到了齊國，幫齊王診斷過後，告訴太子：「雖然我可以幫大王治病，但是，大王好了之後一定會把我殺掉。」

太子一臉疑惑：「獎賞你都來不及了，怎麼會殺了你呢？」

文摯嘆了一口氣回答道：「大王的病，必須要激怒他才能治好，可是一旦激怒了大王，那麼我的下場恐怕不大樂觀。」

太子一聽馬上向文摯叩頭請求：「先生務必要救父親啊！假若先生治好父王的病，父王卻要殺你，我和母親會不惜以死力爭。相信父王一定能體會我們的苦

心赦免你，請先生不用擔心。」

文摯見太子行如此大禮，又再三地保證，終於答應了。

文摯先和太子約好治病的日期，但是連著三次都失約，齊王因此大怒，到了第四次，文摯終於來了，不過卻遲到很久。當時齊王已經很不滿了，文摯卻沒有向他請安道歉，反而連鞋子也沒脫，就跳上床，一把踩住齊王的衣服，粗魯地詢問齊王的病情，齊王氣得一句話也不肯說。

文摯又找機會說些話，再度激怒齊王，齊王忍無可忍，跳起來大聲責罵，沒想到罵完後病也好了。

事後，齊王非常生氣，無論太子和王后如何乞求，都不肯原諒文摯，後來文摯仍被齊王處死了。

連太子跟王后的鐵票保證，還是挽不回文摯的性命，讓一條助人的生命無辜地消逝，更留下兩人的愧疚。

熱心助人的結果卻徒留遺憾，這眞的是助人的眞義嗎？

以前引起廣泛討論的玻璃娃娃事件，也是一個讓人難過的實例。幫助玻璃娃娃的同學出於善心助人，可是卻意外導致受助者死亡，這中間沒有誰對誰錯，留下的只有遺憾。

要幫助別人之前，先斟酌自己的能耐，社會上還有許多需要我們伸出援手的人，不要因爲一時的打擊而失去助人的熱心，只要衡量自己的能力，每個人都可以適度給予別人幫助。

想有無價回先要有無私付出

只要是無私奉獻，會發現生活更有意義，因為更多的愛、尊重與樂趣將來到身邊。

王爾德的童話《快樂王子》裡，以鉛塑成的雕像王子要小燕子將鍍在身上所有的金箔、寶石送給需要幫忙的人，雖然到最後他看起來就像個乞丐般寒酸，連眼睛也瞎了，可是內心在此時才眞正擁有了快樂。

一直幫忙他的小燕子爲此趕不及和同伴們前往埃及過冬，最後長眠於王子身邊，儘管如此，牠是滿足的。

當上帝要天使到城市裡選兩件最寶貴的東西帶回來時，天使帶回了一顆鉛製的心和一隻死鳥。

「你挑選對了。」上帝高興地說：「在天堂樂園裡，這隻小鳥將永遠歌唱；在黃金宮殿裡，快樂王子將會讚頌我。」

付出一切的回報是無價的，因爲得到的是快樂。

炎炎夏日，毒辣的陽光曬得萬物像鐵板上的肉塊般，滋滋作響，連狗兒趴在屋簷下，吐著舌頭猛喘氣。只有傘不畏日曬，努力撐開身子，爲主人遮住灼人的陽光。

到了梅雨季或秋雨綿綿的日子，傘還是努力撐開身子，爲主人遮風擋雨，不讓主人被雨淋濕。

即使太陽曬到雙肩快要脫掉一層皮，雨水打到全身發痛，狂風吹的全身骨頭都要散掉，傘還是盡忠職守，不說一句怨言。

可是進到屋內後，主人就把傘收了起來，放到屋角，不再看上一眼，謙虛的

傘就這樣安安靜靜地偎在牆腳。

這時候，一隻花貓走了過來，疑惑問道：「傘大哥，你爲主人付出了那麼多，主人卻沒有給予任何獎賞，還對你不聞不問，難道你都不覺得這樣的生活很沒意義嗎？」

傘微笑著反問花貓：「如果人們需要我的時候，我反而縮起身子，躲得遠遠的；人們不需要我時，卻拚命撐開身體，顯示自己的存在，這樣活在世界上又有什麼意思呢？」

法國馬賽有一名警官名叫梅爾，爲了緝捕一名姦殺女童艾美的罪犯，付出了幾十年的歲月。

他查遍所有文件檔案，打了三十多萬通電話，甚至走過四大洲近八十多萬公里的距離，不放棄任何一點蛛絲馬跡，日以繼夜地追查兇嫌。

由於把所有的心力都放在工作上，兩任老婆都因此離他而去，他仍不改初衷，終於在七十三歲那年，親手逮捕兇嫌。

當他銬住犯人的那一刻，他興奮地說：「小艾美終於可以瞑目，我也可以退休了。」

有記者問他這樣做值得嗎？他回答：「一個人的一生只要努力付出，認眞做好一件事，這輩子就沒有白活。」

在這個社會上，有一群像傘和梅爾警官這樣的人，他們靜靜付出、默默貢獻，他們的用心形成一條無形的鍊子，將人們圈在一起。或許會有人說，這個社會仍然充滿了暴戾之氣，但是如果沒有這樣一群人默默做事，今天的生活環境大概找不到一絲平靜。

人們習慣於享受他人的付出，將此視爲理所當然，而沒有心懷感激之意，殊不知在這個世界上，沒有所謂的誰就該爲誰付出。

付出和收穫是一體兩面的，或許沒有實質的回報，但是只要是無私奉獻，會發現生活更有意義，因爲更多的愛、尊重與樂趣將來到身邊。

PART 10

偏執只會造成更多錯誤

凡事要經常換角度觀察，
千萬不能老是從「我以為」的方向找答案。
一旦心中有了偏執，
我們很容易忽略了其他的缺口。

志得意滿的時候最危險

曾經付出的努力與心血難免需要鼓勵，然而一味地沉浸在讚美之中，會導致言行舉止失去常態，也失去警惕之心。

成功與失敗只是一時，學會看淡生活中的飛揚與失敗，我們才不會一直困在起起伏伏的心境中。

其實，挫敗時遭遇的冷嘲熱諷總是很快地散去，成功之時的掌聲更容易轉瞬間就變得稀稀落落。

面對生活中的一切，最重要的不是背負其中的功與過，而是學會怎樣忘懷得失，持續不斷地積極過日子。

有位技藝不凡的蠟像工匠正在工廠的角落裡，仔細地雕塑著一尊新蠟像。這個蠟像的四肢已經完成，五官輪廓也十分清晰，看得出清秀的面貌。

看過這尊栩栩如生蠟像的人，無不驚嘆連連：「哇！好有眞實感喔！像眞的人一樣呢！」

「是啊！靈活靈現的，那嘴巴好像有話想對我說呢！」有些參觀者說。

這麼多的讚美聲讓工匠十分得意，爲了天天聽見這些讚美之詞，幾乎整天守在這尊蠟像的身邊。

然而，也因爲他太過沉溺於這些讚美的詞句，忽略了生活周邊的危險，忘了蠟像擺放位置的第一要件是遠離火苗！

這一天，氣候十分酷熱，火爐裡的火苗不小心噴濺到蠟像的身上，小火花一點一滴地熔蝕著蠟像。

第二天，當人們再走進蠟像工廠時，驚訝地發現，美麗的蠟像已被熔蝕了，成爲一灘無法重塑的蠟。

當辛苦製成的美麗蠟像瞬間化爲烏有，從成就完美到轉眼成空，對工匠來說無疑是個慘痛的教訓。因爲沉醉在讚美聲中，讓工匠越來越志得意滿，不僅忘了應該持續的工作，也忘了原該保持的謹愼與警戒。

爲了能多聽聽讚美之詞而坐在蠟像身邊，是人的通病，原本無可厚非，畢竟曾經付出的努力與心血難免需要人們的鼓勵，然而一味地沉浸在人們的讚美之中，始終有害無益！

高興過了頭，會導致言行舉止失去常態，也失去警惕之心，就像故事中的工匠一般，忘情地享受著人們的讚美，因而忘了預防危險，也忘了回到原來的工作崗位上，繼續超越自我。

要織夢，也要踏實行動

明天的事誰也無法預料，此刻我們只需小心踩好腳步，讓實現夢想的步伐能確實踏穩。

別再躲進被窩裡想像未來的幸福，更別躺在位子上幻想著升官加薪的風光得意，而要踏實行動。因爲，空想越多，我們和夢想的距離會越來越遠，浪費那樣多的時間做白日夢，夢又怎麼能實現呢？

人生當然要有夢想，但織夢之餘，眼前我們應該做的，除了立即停止空想之外，更要督促自己快點行動！

身為農家女的約瑟芬對未來懷抱著許多綺麗夢想，今天她頭上頂著一桶奶，走在田野小徑上，幻夢也跟著步伐一點一滴地編織著。

一路上，約瑟芬臉上洋溢著幸福的微笑，似乎腦海裡所預想的一切美好影像很快地便能實現了。

「如果我能把這桶鮮奶全部賣光，那麼所得到的錢應該可以買到三百顆雞蛋。」女孩想著想著，竟忍不住地點了點頭。

隨即約瑟芬又想：「這三百顆雞蛋至少能孵出二百五十隻小雞！等到這些小雞長大，我就能將這些雞全部拿到市場上去賣囉！」

約瑟芬想像到二百五十隻雞將全部賣光時，居然忍不住地跳了一下。

接著，她又笑著對自己說：「雞賣光了，到了年底，我就可以用我分到的錢買一套新衣服，只要我能要穿上這套新衣服參加年終的營火晚會，想必將吸引無數人的眼光，特別是那些長得不錯的年輕小夥子，說不定，說不定他們全都會向

我求婚呢！」

約瑟芬說到這兒，猛地揚起了頭，像個高傲的公主般自言自語：「不行！我是個矜持的公主，我要搖著頭一個一個拒絕。」

想到這兒，約瑟芬也跟著認真地搖起了頭，好像眼前真的出現了不少男孩向她求婚似的。

就在她搖頭擺動的時候，忽然一個重心不穩，整桶牛奶就這麼全潑灑到地上。至於她那美妙的夢幻計劃，如今也跟著牛奶滲入土壤裡消失了。

當女孩快樂地編織幻夢之時，我們似乎聞到了牛奶香與田野間散發的幸福味道，然而當女孩開始忘神地跳動時，我們也暗自替她捏把汗，擔心她的夢變得越來越遠。

看著約瑟芬只顧著織夢，卻不留意腳下，我們就知道這個夢隨時可能破滅。牛奶根本還沒賣出，雞蛋更是一顆也還沒見到，更別提雞隻是否能如她想像的完完全全地孵化出來，她就已經把自己當成人見人愛的公主，導致牛奶灑了一地。

想想我們自己，是不是也經常像約瑟芬一樣，只顧著幻想著未來，只顧著沉醉在想像中的成功掌聲，忽略了腳下的步伐？

提醒自己活在當下，別再說「我覺得明天可以怎麼樣」，因為明天的事誰也無法預料，此刻我們只需小心踩好腳步，讓實現夢想的步伐確實踏穩，我們的夢才能眞眞正正地換成幸福的未來。

偏執只會造成更多錯誤

凡事要經常換角度觀察，千萬不能老是從「我以為」的方向找答案。一旦心中有了偏執，我們很容易忽略了其他的缺口。

頭越偏，我們越難看見問題的另一面，當然，看不見問題的另一面，我們的想法便很容易出現偏差。

如果不想在相同的事情上一誤再誤，我們就要學會從不同的角度和高度去尋找問題的真正答案。

只要能捨棄偏執，靈活轉動觀察的角度，我們的思考不僅能活化，視野也會變得更加遼闊。

最近動物園裡來了新伙伴，是一隻來自澳洲的袋鼠。

爲了讓袋鼠擁有一個完整的居住空間，管理員特地規劃出了一片專屬草地，當然他們也沒忘記袋鼠天生的好本領，爲了避免袋鼠跳出居所，還圍起了約一米高的柵欄。

不過，這隻袋鼠似乎特別有本事，也特別調皮，第二天一早，管理員一走進袋鼠園區便發現袋鼠不見了，慌張地四處找尋，最後發現牠竟跳到了柵欄外的樹叢中玩耍。

爲了有效防堵袋鼠再跳「出界」，管理員立即將柵欄的高度加到了兩米高。神奇的是，第三天早上，管理員發現袋鼠竟然又跑出了柵欄外。

這一次，他決定狠下心來，將圍欄的高度加到四米，使得遊客們只能從柵欄的縫隙欣賞袋鼠。

誰知這袋鼠卻一而再、再而三地自由進出，連住在隔壁柵欄裡的長頸鹿也對

牠敬佩萬分。

這天，長頸鹿看著伙伴又被抓回來，便忍不住問道：「袋鼠先生，你覺得圍欄要加到多高才關得住你啊？」

沒想到袋鼠先生竟咧嘴笑道：「哈，這實在很難說，可能五米，可能個十米吧！不過，要是那個糊塗的管理員一直忘了把圍欄的門關上，就算加到一百米高，我也照樣能到外面閒晃！」

回味袋鼠先生對管理員的嘲諷，你是否也覺得妙趣橫生？在這簡短的寓言故事裡，其實我們不難發現生活中的相似情況。

因爲偏執造成的失誤，也因爲輕忽散漫的解決態度，讓問題一再地發生，更讓相同的錯誤一再地重蹈覆轍。這樣的情況似乎已是現代人常犯的毛病，有些人甚至還讓它成了無法根治的絕症。

其實，再惱人的問題也一定可以解決，就怕我們不知道自己正在原地繞圈子，不知道我們正反覆地解決相同的問題啊！

凡事要經常換角度觀察，千萬不能老是從「我以爲」的方向找答案。因爲，一旦心中有了偏執，我們很容易忽略了其他的缺口，忘了眞正需要補強的漏洞，甚至還會因此聽不進人們的好心勸說和正確指引。

望著不斷增高的柵欄，你是否也發現了自己的缺失呢？

不妨跟著袋鼠先生的跳躍動作，在忽高忽低間觀察仔細，讓自己早一步發現眞正的問題所在吧！

喜歡賣弄，只會惹來嘲弄

在偌大的世界上，謙虛面對一切才能讓我們的聰明才智真正地表現出來，千萬別為了贏得別人的誇獎而賣弄小聰明。

在生活周遭，我們不難發現喜好賣弄小聰明的人。他們看似無所不能，可是一舉手一投足，旁人卻能很輕易地發現他們的不足與短處。

眞正聰明的人從來都不會賣弄聰明，他們只懂得「藏拙」，只會悄悄地躲在暗處累積自己的能量，因爲他們知道：「擁有智慧的最重要目的，不是爲了張揚自己，而是肯定自我！」

動物園裡，有個人指著籠子裡的猴子，對身旁的兒子說：「你知道這種動物叫什麼名字嗎？」

「不知道。」兒子看著不停跳躍的猴子說。

「那你可要記住囉！兒子，這種動物叫作猴子，是專門逗咱們開心的動物。」父親說。

「怎麼說？」兒子問道。

「你不信嗎？那可要看仔細囉！」

只見這個父親從袋子裡拿出了一顆花生，然後朝著一隻大猴子的背脊丟去。大猴雖有遲疑，不過一轉身便用嘴接住這顆花生，接著再用爪子從嘴裡取出來。

這個畫面果然滑稽，男孩開心地大笑著。父親見大猴的舉動十分有趣，忍不住又將另一顆花生扔了進去，只見大猴子再度演出滑稽畫面。

人猴一來一往配搭十分順暢，連這位父親都感覺到一陣莫名的成就感，於是

不斷地將花生扔進去。

大猴也不斷地接著，時而自己呑食，時而分給身邊的小猴子，直到這位父親手中的一大包花生全部丟光了，才開心地帶著兒子離開。

走在回家的路上，兒子忍不住問父親：「爸爸，你爲什麼要將花生扔到大猴的背後？」

父親得意地笑著說：「你不覺得猴子翻來覆去地折騰很有意思嗎？」

男孩點了點頭說：「爸爸，你眞行！」

父親接著又說：「你知道嗎？那隻猴子還自以爲聰明，可以開心地吃花生，事實上牠根本不知道自己給耍了，眞是可悲！」

男孩點了點頭，只是在他點頭的時候，動物園裡的小猴子也正點著頭。

其實，正當這對父子指著猴子的時候，大猴也指著籠子外的人，對牠的孩子說：「你知道這種動物叫什麼嗎？」

「不知道。」小猴望著指手畫腳的人類回答。

「記住！這種動物叫人，是專門供咱們尋開心的動物。」大猴子說。

「怎麼說？」小猴問。

「不信你等著瞧吧！」

就在這個時候，男孩的父親將花生不斷地往籠子裡扔，直到將手中的一大包花生全部扔給了猴子後才結束。他們走後，小猴問大猴子：「爸爸，你爲什麼用嘴去接花生啊？」

大猴得意地笑說：「不這樣，他們還會扔嗎？」

小猴笑著說：「爸爸，你眞行。」

大猴又說：「人類這種自以爲聰明的動物，其實早被咱們耍了都不知道呢！唉，眞是可悲啊！」

故事裡人與猴的對照，兩個相互嘲笑的對比，讓人忍不住哈哈大笑了起來，不知你是否有了啓發？

以爲成功耍弄猴子的父親，結果卻反被猴子紮紮實實地玩弄了一頓，一個冷

眼旁觀，一個得意自傲，似乎更顯露人們小聰明的不足。回顧現實生活中的我們，不也經常犯著這樣的錯誤？

自以爲是的人，在別人眼中什麼也不是。

別被小聰明誤了自己，一山還有一山高，在偌大的世界上，謙虛面對一切才能讓我們的聰明才智眞正地表現出來。

千萬別爲了贏得別人的誇獎而賣弄小聰明，因爲那不叫實力，充其量不過是乍現的火花，要是賣弄得不好，恐怕只會被人當成跳樑小丑般嘲弄。

別讓執著成為悲劇的劊子手

用對了地方，執著可以是成就一番事業的重要助力，若用錯了方向，執著便成了悲劇發生的劊子手。

在許多愛情的歌詞裡，塡詞人總不忘將「執著」兩個字加入，似乎少了這兩個字便少了愛的堅貞。

不過，換個角度想想，當愛情已逝、緣分已盡，如果內心仍然充滿執著，傷害的又何只自己？

愛情如此，生活不也如此？

許多人因爲太過執著，把自己弄得遍體鱗傷，也因爲太過固執，最終讓自己

在心生悔恨時，怎麼也找不到台階可下。

有兩隻十分要好的青蛙兄弟分居在不同的地方，一隻住在村莊外的池塘邊，另一隻則住在鄉間小路旁的淺水溝。

有一天，兩青青蛙相約一塊兒曬太陽、聊天。這時，住在池塘裡的青蛙說：「好兄弟啊！你還是快點搬過來和我一起住吧！我那兒的水又清澈又乾淨，最重要的是食物來源十分豐富。」

「好兄弟，謝謝你的邀請，只不過，我們家族世世代代都在水溝居住慣了，要我離開故鄉實在很捨不得。」水溝蛙說。

池塘蛙搖著頭說：「你不覺得住在淺水溝裡實在太危險了？何況，每天有那麼多馬車從你家門口經過，你不覺得吵嗎？」

水溝蛙聽到池塘蛙這麼說，忍不住大笑著：「哈……哈，哪有什麼危險？怎麼會吵呢？我親愛的朋友啊！你知道嗎？那車輪發出的吱吱聲，對我來說是十分美妙的樂音呢！有時候它還是我的催眠曲呢！」

「嗯……可是，我還是覺得你應該搬出淺水溝……」池塘蛙努力地想替水溝蛙找個離開水溝的好理由，一時之間卻找不到。

「對不起，我絕不會離開那兒！你別再勸我了。」水溝蛙堅決地說。

在那之後的某一天，水溝蛙正愜意地躺在淺水溝裡欣賞天空，聆聽由遠而近的車輪聲，然而令人傷心的事卻發生了。

當水溝蛙著迷於享受車輪聲時，沒想到車輪正巧滑進水溝，也輾過了水溝蛙的身體。就這樣，池塘蛙再也看不見他的好兄弟了，只能遺憾地說：「爲什麼當初他不聽我的話呢？」

故事的氛圍有些悲傷，因爲水溝蛙的固執堅持，讓好朋友的關心最後成了無盡遺憾。明知道水溝蛙身處險境，卻怎麼勸不了，最後只能看著悲劇發生，這對池塘蛙來說怎麼不傷感呢？

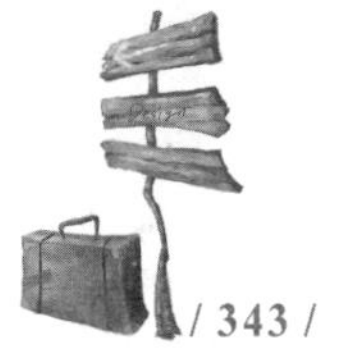

其實，所有的事情都有正反兩面，必須全面觀照，就像固執一樣，用對了地方，執著可以是成就一番事業的重要助力，若用錯了方向，執著便成了悲劇發生的劊子手。

不知省思、變通的執著不是好事，只會讓我們在危機中越陷越深。當我們決定是否要固執己見的時候，不妨再聽聽朋友們的建議，畢竟旁觀者清，往往能提供我們一個觀察與思考角度。

認清自己，才能保護自己

學會看清自己，確實地評估自己的能力，不僅可以避開危險，更能讓你我即時正視自己的不足，避免一再走錯路。

生活的積極面不是只有全力往前衝的行動，有時候還包括了即時剎車、暫停休息……等動作。

從這樣的角度思考，你是否更了解了「認清自己」的重要？

走在人生的旅程，就好比駕駛一輛即將遠遊的車子，如果車主根本不理會自己的車況，也搞不清楚前方的路況，一旦意外發生，很多時候不僅保護不了自己，甚至還會傷害了無辜的旁人。

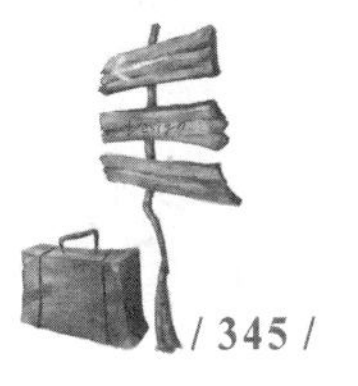

遠方有一片枯黃的樹葉隨著風的吹拂在天空中飄著，悠悠飄到一隻正在高空飛翔的鳥兒身邊。

只見葉子開心地對著鳥兒說：「你看，我也能像你一樣自在飛翔耶！」

「是嗎？如果沒有風的力量，你能飛得這麼高嗎？朋友，我想你還是安安穩穩地待在地面上吧！那裡才有適合你伸展的空間，別再跟著我了，一旦風停了下來，你恐怕會摔傷。」鳥兒說完便轉身離去，並拍著翅膀迎向風吹來的方向飛去。

對於鳥兒的忠告，葉子一點也聽不進去，仍然得意揚揚地跟著其他鳥兒的身後繼續飛翔。

突然間，風停了！葉子果然被狠狠地摔到了地面上，著地時它摸了摸摔傷的屁股，然後便不停地咒罵著鳥兒，責怪牠們沒有即時伸手幫忙。

就在這個時候，風突然又朝著它吹了一口氣，順著這口氣，葉子飄落到一條小溪上。這是一條清澈見底的小溪，溪水正快樂地奔流、歌唱著，葉子則跟著浪頭快樂漂浮著。

當它游到了小魚兒身邊時，開心地對魚兒說：「你瞧，我能像你一樣在水中自在優游，我眞是太偉大了！」

這會兒，小魚兒也不忘提醒葉子：「嗯，游泳的姿勢的確很漂亮，不過這水面眞的很不適合你，你還是安安分分地回到陸地上去吧！」

「哼！我才不要，你一定是在嫉妒我！見我泳姿比你漂亮，所以心裡很不是滋味吧！」葉子自負地說。

小魚兒搖著頭說：「我可沒這麼想過。」

「一定有的，你看，我游得多麼好啊！姿勢多漂亮啊！你們誰也比不上我！」

葉子不斷地吹噓著。

只見葉子得意地隨波漂流，怎麼也沒有想到，身體已經開始出現變化。

在溪水長時間浸泡下，葉子的身體慢慢腐爛了。

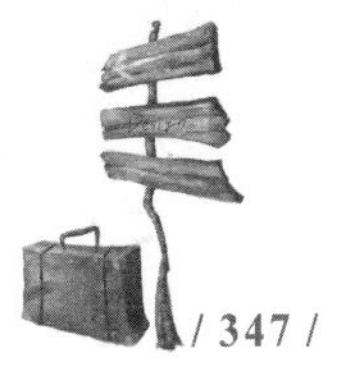

凡事要量力而爲，特別是全力地往前衝時，也要仔細評估自己的氣力還剩多少，仔細觀察環境中是否潛藏著陷阱，只要發現危機潛伏，不妨暫停腳步，小心應對。

如果感覺有些力不從心，那麼何妨先停下行動，休息一下，好好充實後再出發？

聰明的人都知道以退爲進的技巧，也了解先退後進的衝勁，更明白凡事要能量力而爲，這也正是故事中鳥兒與小魚給予我們的叮嚀。

換個角度看，小葉子其實頗讓人羨慕，因爲它很幸運，當它在天空飛、水中游，身邊有那麼多了解它、關心它的朋友們從旁提醒，只可惜它太沉溺於假象，忽略了自己的能力有限，看不見自己已經深陷危機之中。

學會看清自己，確實地評估自己的能力、不僅可以避開危險，更能讓你我及時正視自己的不足，避免一再走錯路。

順勢退讓，才能以柔克剛

懂得順勢退讓不僅是一種修養，更是一種智慧，唯有運用智慧，才能讓我們掌握更多機會。

人與人之間，因爲溝通的耐性變少了，也經常爲了求快，大多數人都習慣了大聲爭執，以爲這樣才算有心解決問題。

問題是，若不能用智慧化解歧異和爭執，一味地只想以拳頭解決，受傷的人往往是自己。

其實，生活中的大小事情從來都不是「爭或不爭」的問題，想在每一場危機之中都能毫髮無傷，全身而退，最好的方法還是學會退讓的智慧！

野狼在山路上遇見了一隻山羊，立即露出惡狠狠的神情說：「嘿嘿嘿，你來得正是時候，我現在好餓啊！你就乖乖進我肚子裡吧！」

沒想到山羊卻很冷靜地搖了搖頭，答道：「狼先生，你準備抓住我之前，我不得不提醒你一下，我絕不是你想像中那麼軟弱，我的力氣很大，大到足以戰勝一頭牛，不信的話，你不妨讓我試一試。」

野狼心想：「怎麼可能？這羊看起來那麼弱不禁風的，也罷，我就找來一頭力大無比的公牛來跟牠搏鬥，我就不相信牠眞那麼厲害。」

爲了預防肥羊臨陣脫逃，野狼要求山羊與公牛必須關在石屋裡搏鬥，自己則坐在門口外等待結果。

一開始，野狼就在門外聽到打鬥免不了的巨大聲響，慢慢地，屋裡的聲音漸漸變弱，直到完全沒有聲音。

「哼，肯定是那隻說大話的羊掛了，牠一定被公牛的角牴死了，看來是時候進去品嚐美味羊肉囉！」

只見狼大笑著打開石屋的門，但就在這個時候，門內有個身影昂首闊步走了出來，那不是高大威武的公牛，而是那隻矮小瘦弱的山羊。

「怎麼會這樣？」野狼看著躺在地上少了根牛角的公牛，再看著毫髮無傷的山羊，忍不住驚呼。

山羊得意地走出門口，笑著問道：「這下子，你相信了吧！」

野狼看了一眼公羊，然後憤怒地看著公牛，問說：「那隻羊是怎麼打敗你的？你眞是淒慘啊！」

渾身是傷的公牛怯怯地說：「說來丟人，沒想到我竟會被自己蠻力打敗！每當我鼓足力氣向那隻羊衝去時，牠的身子都會靈巧地閃過，至於我，則硬生生地撞到了石牆上。唉！我撲空時候越來越多次，火氣也跟著越來越急躁，最後便成了這個模樣了！那隻羊不知道爲什麼，竟然越躲越靈巧，我想，是他的得意神情刺激了我，這身傷也是我自己的情緒導致的。」

野狼一聽，忍不住拍了自己頭說：「這該死的羊！太聰明了，居然懂得用以退

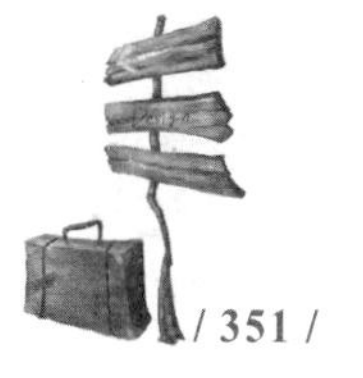

爲進的方法來擊敗你，不行，我還是要把牠抓住，以解心頭之恨。」

野狼轉身出門，想要找山羊下手，只是，聰明的山羊早已逃得無影無蹤。

從故事中我們不難領略，聰明的公羊在一路退讓中，其實也給了自己不少冷靜思考的機會，從答應野狼的條件開始，到後來以閃躲策略對付公牛的急躁衝動，簡要地說就是「以柔克剛，以靜制動」。

生氣、動怒的時候，請記得《星雲法語》裡的這句話：「做人處事橫衝直撞未必能帶來成功，反而易遭責怪與怨懟；若能將心定下，仔細思考，學會以退為進，自然能卓然有成。」

面對現實的競爭是這樣，想過平凡簡單的生活，更要明白以退爲進的道理。

懂得順勢退讓不僅是一種修養，更是一種智慧，唯有運用智慧，才能讓我們掌握更多機會。

用不同的視野欣賞生活的樂趣

懂得變通的人大都很懂得享受生活，因為他們不會斤斤計較，只會從中學習，如何用不同的角度和視野欣賞生活的趣味。

當眼前熟悉的人事物以不同的姿態出現時，你會笑著觀察前後差異，還是糾著眉心困惑地質問：「怎麼會這樣？」

別再糾著眉看事情，生活多一點變化，我們的日子才會過得精采，天天過著同樣的生活，你不會覺得很乏味嗎？

在一個寒冷的冬天裡，有個人和一個羊身人臉的天神相遇，天神熱情地邀請這個人閒坐聊天。

談話間，人類不時地把手靠近嘴邊，然後用嘴裡呵出的熱氣來溫暖雙手。天神看見他這個動作有些好奇，忍不住問：「你爲什麼要呵氣？」

人類解釋道：「因爲我的手快要凍僵了，只好努力呵出熱氣來暖和！」

「原來如此！」天神明白地點了點頭。

這天相遇之後，人與天神結成了朋友，天神還提出了下次見面聊天的機會。一個星期過後，大地就要回春，在那個春暖花開的時節最適宜與朋友相聚，人與天神之約便在此時碰面。

這一天，他們相聚一塊吃飯，人類開心地爲天神點了好幾道美味餐點。

「哇！看起來好好吃喔！謝謝你！」天神說。

人滿意地點了點頭：「不必客氣，快吃吧！小心燙！」

剛上桌的菜餚果然很熱，只見這個人拿起了碟子，在嘴邊輕輕地吹著。天神一看，滿臉困惑：「菜已經這麼熱了，你爲什麼還要呵熱氣啊？」

聽見天神的問題，人忍不住笑了一聲：「呵，不是啦！我是在吹氣，這樣可以讓食物涼一點，才好入口。」

沒想到天神聽到這話，居然生氣了：「你這個人怎麼這樣不老實，如何與我為友呢？你想想，同一口氣怎能可以讓東西又冷又熱？」

不知道故事的結尾給了你什麼樣的啓發？

對白挺有意思的，讓人忍不住一再玩味，在這看似直率地批評人不誠實的話語中，反而更清楚地點出了天神視野的偏狹。

凡事都有一體兩面，同一張口可以呵出熱氣也可以出現冷風，就看人如何因應環境。

懂得變通的人大都很懂得享受生活，因爲凡事他們都會淡然視之，就像同一張嘴可以呵出不同溫度，他們不會斤斤計較嘴裡乾坤，只會從中學習，如何用不同的角度和視野欣賞生活的趣味。

PART II

下定決心，就能美夢成真

山再高，只要能堅持下去，
始終都能攀上頂峰，超越極限；
工程再艱困，只要決心突破，
終究能排除萬難，成功達陣。

多一點付出，就能多一點滿足

在這個習慣了爭名奪利的環境中，每個人最需要的還是被關愛與被關懷，特別是你我孤獨的時候、受傷的時候。

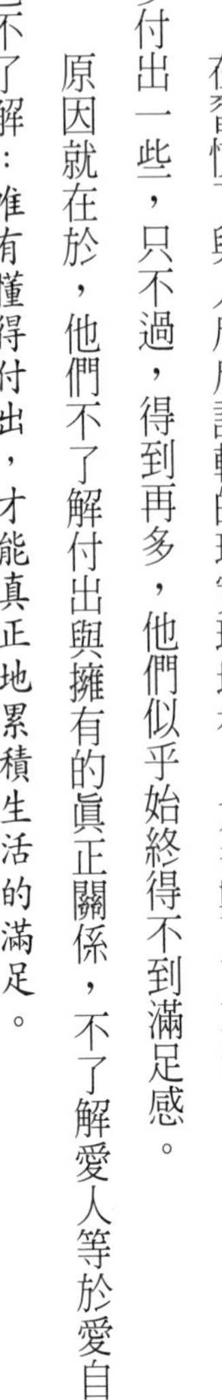

在習慣了與人斤斤計較的現實環境裡，大多數人只想著別人怎麼不能爲自己多付出一些，只不過，得到再多，他們似乎始終得不到滿足感。

原因就在於，他們不了解付出與擁有的眞正關係，不了解愛人等於愛自己，也不了解：唯有懂得付出，才能真正地累積生活的滿足。

瘟神忽然降臨百靈國，不少民衆因爲敵擋不了病毒而紛紛死去，國境內的生還者哀鳴四起。

爲了救人，葛爾丹醫生每天馬不停蹄地爲患者治病，但不幸的是，長期接觸病人之後，自己也染上了惡疾。

葛爾丹病重的消息很快地傳開，許多被他從死門關前救回的民衆們紛紛來探望他：「醫生，請您多保重啊！」

只是，再多的祝福似乎也抵擋不了病毒的魔手，醫生開始出現高燒不退的情況。不久，他的視力開始變模糊了，這讓仍然堅持要出門行醫的葛爾丹行動力變得十分緩慢，特別是到了黃昏時分，幾乎無法看清楚回家的路，因而經常在森林裡迷失方向。

縱然行動變得越來越遲緩且吃力，葛爾丹醫師卻一點怨言也沒有，倒是有些缺乏同情心的民衆，竟然嘲笑起他：「什麼？你又要背著藥箱出門！自己的病都治不好了，還敢出門醫治別人！」

聽見民衆的嘲諷，醫生一點也不以爲意，面對這些冷嘲熱諷，一律微笑面對，他對自己說：「沒關係，能救一個是一個，我不能被自己的病痛所打倒，這個關鍵時候，只要我能救更多的生命，可以用我自己的性命換回更多的生命，那一切都值得了！」

沒有退縮，沒有放棄，葛爾丹醫生在病魔的陰影下，更加積極地研究著治療瘟疫的最佳處方，每當他研究出新試劑時，都會先讓自己測試：「還好我也病了，正巧可以拿自己來做實驗。」

爲了找出效果最好的藥劑，葛爾丹每天十分艱難地出門，與其他醫生們討論研究病情，不久，終於找到了結果，研發出可以有效控制瘟疫蔓延的藥劑，以及一整套最佳防疫方法。

這樣永不放棄的精神終於感動了民眾，葛爾丹病重過世之後，爲了不忘記他的貢獻，民眾在他的墓碑上寫了「偉大的戰士」以茲紀念。

詩人紀伯倫曾說：「你過得是否幸福，並不是以什麼事情發生在你身上來做

決定，而是在於你用什麼態度看待這些事情。」

人過得幸不幸福，生命有沒有積極意義，完全在於用什麼態度看待發生在自己身上的事。如果我們懂得用正面、樂觀的態度來看待所謂的「不幸」，那麼這些「不幸」未嘗不是自己的另一種幸福。

就像葛爾丹醫生，傳奇的生命大都有一個共同特徵，有著「捨己爲人」的精神，更有著「堅強不屈」的毅力。

爲了能挽救更多的人，他不僅堅強地面對自己的病痛，還欣喜於自己感染病痛的時機適當，「能用自己的性命換回更多的生命，一切便值得了」，這種捨己爲人的精神讓人動容。

在這個現實的社會中，當我們不斷聽聞因爭執或私利而被犧牲的生命，相較於故事中的大愛精神，是否覺得慚愧？

其實，在這個習慣了爭名奪利的環境中，每個人最需要的還是被關愛與被關懷，特別是你我孤獨的時候、受傷的時候。從這個角度看，從我們自己身上觀察，我們也會明白關心別人的重要。

先肯定自己，別人才會肯定你

生活是我們自己的，如果連我們都不能肯定自己，別人又怎麼會給予我們真心的肯定？

現實生活中，許多人因爲太在意別人的感覺，習慣了自我欺騙，也因爲太在意別人的認同與否，習慣了不相信自己。

然而，在這樣缺乏自我肯定的生活中，我們的生命價值還剩多少？

生命中最了不起的成就是發現自己，進而肯定自己，勇於做自己。畢竟人生是自己的，太在意別人的眼光，只會讓我們越來越失去自我，品嚐不到眞正的快樂與自在！

剛剛畫了一幅風景畫的畫家波比，正準備將作品送去參展。

不過，在此之前，他還是想請朋友們幫他看一看，確認新作品是否合乎參展標準，心想：「萬一大家都覺得不好的話，送去參展可就丟臉了。」

波比請朋友們一定要坦誠相對，如果真的不好就一定要明指出來，朋友們全都爽快地答應了。

畫家開心地將畫作展開，不過又有些擔心：「不知道會聽到什麼批評，不知道他們的意見會不會很尖銳？還是大部分的人都會給我肯定和稱讚？會不會每個人全部表示否定？」

只見大家對著畫作開始品頭論足了起來，有的是走近一點觀看，有些則是後退了幾步遠遠欣賞。

不久，柯拉先生首先發言：「我覺得畫得還不錯，不過就是少了美麗的尼羅河，讓人覺得有些美中不足。」

杜彭先生也點了點頭說：「的確，畫得美極了，如果可以再加上一片花園，將會錦上添花。」

尼克先生則說：「尼羅河或花園不一定需要！少了雪景才是眞的！」

布瓦勒先生卻說：「不對，不對，還有東西比雪景重要，那就是稻田，你怎麼會忘了呢？」

這時，皮爾牧師插話說：「畫得不錯啊！不過就我的角度來看，上面應該來幾棵大樹才對。」

聽完了朋友們的意見，波比照單全收，只見他拿起畫板，開始重新修改，試圖滿足所有朋友的要求。

於是，畫作的這邊加了冰天雪地，另一個角落加了橡樹、花園與稻田，中間則將尼羅河畫了上去。

最後，波比終於將這幅畫修改完畢，再次邀請朋友們到家中欣賞畫作。

只是，這一次朋友們一看見畫布全都傻了眼，嘴裡低聲嘀咕著：「這是什麼啊？亂七八糟的！」

藝術向來著重「分享」，一旦多了其他媚俗成分，想兼顧別人的看法或是價值評定，藝術便不再是藝術了。

當我們只懂得追隨別人的腳步，屬於我們的東西就會變得越來越少，就像故事中的畫作一般，添加了其他人的「美景」之後，作品不僅變形，更失去了原創的完美與完整。

人生也是如此，爲何要那麼在意別人的眼光？

生活是我們自己的，如果連我們都不能肯定自己，別人又怎麼會給予我們眞心的肯定？

生活重在分享，人生就像一幅畫作，上頭揮灑的色彩也許不是每個人都懂得欣賞，但其中的感動與美麗我們自己一定知道。只要用心完成，我們不必等待別人的掌聲，現在便能給自己一個自信的歡呼。

下定決心，就能美夢成真

山再高，只要能堅持下去，始終都能攀上頂峰，超越極限；工程再艱困，只要決心突破，終究能排除萬難，成功達陣。

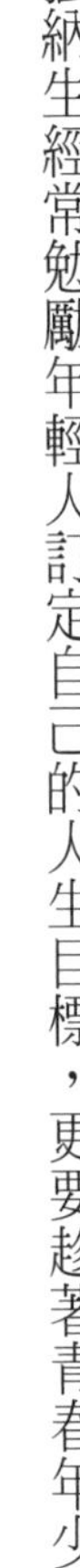

激勵作家強納生經常勉勵年輕人訂定自己的人生目標，更要趁著青春年少，努力累積自己的經歷和實力。

他曾經在著作中這麼寫道：「成功的秘訣其實很簡單，就是不要讓空想成為自己的絆腳石，要腳踏實地努力。」

意志力不堅定的人，經常質疑夢想成眞的可能性，但是翻開記錄生命奇蹟的篇章，我們卻不難發現一個又一個讓夢想成眞的成功者，不是嗎？

實現夢想眞有那麼難嗎？

當然不是了，因爲事在人爲，只要願意身體力行地實踐，就沒有克服不了的困難！

有個年輕人從小就立志要把擋住村口的那座山挖出一條路來，讓村裡的人不必再翻山越嶺便能輕易地走出這座山，讓像他一樣的年輕人都能到外面的世界看一看、闖一闖。

立下志願的那一天，年輕人來到山腳下搭了一個帳篷，開始不眠不休地挖掘著，挖得太累，就和衣而睡，餓了便自己烤幾根玉米塡飽肚子。

由於他的心思全都放在這個工程裡，妻子受不了冷落而離開。

雖然少了妻子的支持，年輕人似乎一點也不在意：「沒關係，先把這條路完成再說了。」

就這樣，年輕人矢志不渝地奮鬥了五十三個年頭，最終果眞讓他這條夢想之路大功告成了。

五十三個年頭已過，如今的他已從一個年輕小夥子變成了滿頭白髮的老人家。這天，他挖通隧道時，忍不住興奮地對著其他人說：「太好了，終於完工了，我可以安心瞑目了！啊！是時候回家享清福了。」

「這樣值得嗎？」這是一位老朋友的聲音。

老人回答：「是你啊！嗯，非常值得，我這一生已經做好了一件事，我想這輩子沒有白過了。」

聽見老人家的無怨無悔，你心中是否也激起無限感動？

五十三個年頭全奉獻在這座山路上，看來有些誇張，但是如果不是他的堅持與毅力，山仍將繼續阻隔著孩子們的夢想未來，路已經開通，這股精神也鼓勵著我們堅持不懈的企圖心。

其實，夢想不難完成，因爲眞正麻煩的地方不在夢想本身，而是我們的企圖

心與執行力。

許多人一開始都是信心滿滿，激動非常，然而一遇到挫折或嚐到苦頭，炙熱的企圖心便忽然消失，行動力也跟著變慢，夢想當然變得越來越遙遠。

有些人的情況更糟糕，儘管說得口沫橫飛，但一切始終停留在嘴邊，任由夢想跟著泡沫一塊消失。

若不想讓人生白度，端看你如何開創未來，如何靠著自己的雙手創造非凡的生活。山再高，只要我們能堅持下去，始終都能攀上頂峰，超越極限：工程再艱困，只要我們決心突破，終究能排除萬難，成功達陣。

看著當年的青年已成白髮老翁，你是否也忍不住要告訴自己：「是啊！只要能堅持下去，沒有什麼事是不可能的！」

每個人都有超越極限的潛能，只要你我的決心夠堅定，自然能讓人生登峰造極。每個人也都有突破萬難的能力，只要不被退縮的念頭阻礙了心中的勇氣，你也能享受到美夢成真的幸福時刻。

不要依賴，要靈活運用腦袋

不能太過依賴，更不能完全仿效，要再換個角度看，充分地展現自己靈活思考與隨機應變的能力。

懂得因地制宜，凡事都能靈活思考，人生自然處處都是生機，也無處不是我們發揮長才的好地方。

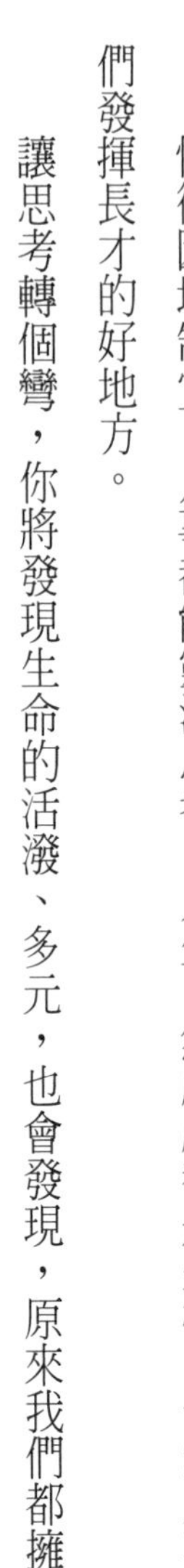

讓思考轉個彎，你將發現生命的活潑、多元，也會發現，原來我們都擁有著一顆創意無限的靈活腦袋！

從前有個賣煙斗的商人，背著一袋煙斗準備翻越過一座山，中途走累了，便來到一棵樹下休息。

大概是樹蔭太舒服了，最後他竟然睡著了。

等他醒來時，卻發現身旁的袋子已經不見了。忽然間，他聽見樹上傳來吵雜的聲音，抬頭一看，卻見樹上有很多猴子，而且每一隻猴子的嘴上全都銜了一根煙斗，模樣十分可笑。

不過，再好笑的畫面也逗樂不了這個商人，心裡擔心著：「萬一煙斗拿不回來，孩子們就要餓肚子了！」

就在這個時候，他靈光一閃，想起了猴子很喜歡模仿人，也想起了賣斗笠的爺爺曾遭遇過這種情況，後來靠著機智解決這個難題。於是，他試著舉起自己的右手。

果眞如他所預料的，猴子也跟著他舉起了右手，接著商人拍了拍手，猴子也跟著拍了拍手。

一切狀況都如賣斗笠的爺爺所說的，商人接著便將嘴巴上原本銜著的煙斗，

用力地扔到了地上。

但是，這一次那些猴子卻沒有把嘴巴上的煙斗扔到了地上，甚至還兩眼不屑地斜斜盯著他。

商人見狀十分著急，叫喊著：「快學我啊！快把煙斗丟下來啊！」

就在這個時候，猴王出現了，迅速上前將商人丟在地上的煙斗撿了起來，然後放到自己的嘴上，跳到樹上時，還賞給了商人一句話：「喂，賣煙斗的，你以爲只有你才有爺爺嗎？」

故事結束時，猴王的那句「你以爲只有你才有爺爺嗎」，不知道是否也惹得你大笑呢？

我們將猴子的模仿與煙斗商照本宣科的模樣相互對照，似乎更加突顯一般人思考的僵化。

現實生活中，不少人面對著挫敗時，只懂得一味照著前人或名人的成功樣版

依樣畫葫蘆，也持續癡癡傻等相同的成果。

時代不斷地演變，隱藏其中的變數我們當然不能輕忽，例如成長環境的差異，或是對手重新振作後的成長，這些都應當列爲謹愼評估的重點。就像故事中的猴子，萬物都有自己的生存本能，也有累積經驗的方式和智慧，只不過總是被我們忽略了。

當然，這不是說前人的經驗並不足取，而是我們不能太過依賴，更不能完全仿效，遇到困難的人生課題，要再換個角度看，充分地展現自己靈活思考與隨機應變的能力。

熬過苦難，人生才會更加璀燦

別再煩惱眼前所受的煎熬，別再埋怨此刻面臨的考驗，積極地生活，自然能看見渴望許久的璀璨人生！

證嚴法師曾說：「智慧是從人與事之間磨練出來的。」智慧的養成如此，生命的歷程更是如此。

天地萬物的生成過程大致相同，人生就像美玉的孕生，都得經過一番切磋琢磨之後才能看見其中光彩，也才能看見歷經淬煉後的眞本事。能經歷萬難的琢磨，人生才會更顯豐富、多彩。

大蚌與小蚌在海灘上相遇，小蚌看見大蚌的神情有些沮喪，滿臉痛苦不堪的模樣，便上前關心問道：「大蚌你怎麼了？」

大蚌嘆了口氣說：「唉！別提了，前幾天有一顆沙粒不小心跑進了我的身體內，那顆粗糙的沙粒現在正不斷地磨擦著我的身體，這種折磨實在好痛苦啊！我好想死掉算了。」

小蚌似乎也頗有感受，跟著苦著臉說：「天哪！你真的太不小心了，看看你，現在多受罪啊！還好，我一向都很謹慎，絕對不會讓任何異物靠進我的堅硬外殼的防線，你看，我過得多舒服呢！」

正當這兩顆蚌聊得十分起勁時，有隻埋在沙堆裡的老海龜，忽然伸出了頭說：「朋友啊！你們知道，這顆沙粒跑進了你們的身體之後，最終會有什麼樣的結果嗎？」

小蚌搶先說：「知道啊！痛不欲生！不然還能變成怎麼樣？」

「是啊！是啊！除了生不如死的疼痛感外，還會有什麼好結果？」大蚌冷冷地送了海龜一個白眼。

海龜笑著說：「嗯，我很明白你現在的心情，不過，此刻的你雖然飽受沙粒的折磨，不過與此同時，你的體內也將自動分泌出一種『珠母質』，它們將會一層層地把這顆粗糙的沙粒包裹起來，不久之後，你體內的沙粒將會變成大海中最動人、最璀璨的珍珠啊！」

大蚌與小蚌聽完海龜的話，全瞪大了眼睛，特別是大蚌。只見牠輕輕地撫著微微疼痛的腹部，心想：「是嗎？原來珍珠就在我的肚子裡啊！」

當沙粒在大蚌腹內不斷地滾動磨擦，珠母質也一天一天地層層包覆之後，璀燦珍珠將在吃盡苦頭後得見，這是珍珠孕生的過程，就像母親懷孕，母體受盡生產經過之苦後，終於得見新生命的誕生。

生命的誕生如此，人生的成就也是這樣。

少了磨練的過程，少了流下辛苦汗水的經驗，即便最終還是達成了目標，也難見成功的光芒，畢竟少了豐富的考驗，我們便很難體會到結果的珍貴。

所以，老海龜才會費心地提醒著大小蚌：「你們想讓小石子成了光滑無瑕的珍珠嗎？想的話，就好好地享受這個孕育過程的折磨吧！」

美國著名的醫師作家麥克斯威爾．馬爾茲告訴我們：「想像你對苦難做出的反應，不是逃避或繞開它們，而是面對它們，和它們打交道，以進取的和明智的的方式進行奮鬥。」

人生就像煲湯一般，小火慢熬自然能烹調出美味好湯，只要我們別再煩惱眼前所受的煎熬，別再埋怨此刻面臨的考驗，積極地生活，也積極地迎接豐富的磨練機會，自然能看見渴望許久的璀璨人生！

想照亮自己，先照亮別人

想照亮自己，不妨先學會照亮別人：想讓自己輕快地朝向前方走去，便要先澄淨自己的心境。

日常生活中，大多數人都習慣用自己的角度評斷事情，也習慣用偏頗的角度面對事情，然而，眞實的情況卻經常與我們的判斷出現落差。

事實上，人生就是這樣，那些眞正能指引我們的明燈，不一定是最亮的一盞，有些時候，盲人手上的燈，看似毫無作用，反而指引了更多人。

已是深夜時分，遠處有個人右手抱著一只水晶瓶，左手提著一盞燈籠，在漆黑的山路上慢慢前進。

這時，有個男子正朝向這個人的方向走去。

「咦？這麼晚了你怎麼還敢在外頭走動？」

原來，迎面走來的是提燈籠男子的朋友，於是男子答道：「嘿，老哥，你好。沒辦法啊，因爲賣水晶瓶的老闆實在太難說服了。」

接著，朋友忍不住說道：「是嗎？那你也不必這麼費事啊！你看看你，這個模樣還眞是好笑，你還以爲我們不知道你眼睛看不見嗎？幹嘛還要提著燈籠出門，眞是多此一舉！」

盲朋友則笑著解釋道：「不是啦！這個燈籠當然不是爲我照明，而是爲你們明眼人而照的！如果沒有這盞燈籠，你剛剛說不定已經撞到我了，這只水晶瓶肯定也會被撞碎。情況再糟糕一點，說不定我們還會因而撞得頭破血流呢！所以，我提這只燈籠，無論是對我或其他路人都有好處！」

朋友聽完後忍不住點了點頭，連忙向他道歉說：「哎呀，沒想到你想得這麼

周詳，我怎麼都沒想到呢？對不起，我要爲剛剛的不禮貌向你致歉。」

對你來說，誰才是眞正的明眼人呢？

在這個「照亮別人等於照亮自己」的寓言裡，無論是從盲人的視野出發，還是從明眼人的角度探討，都讓我們領略到了「眼盲心不盲」和「眼明心卻盲」的差別。

心盲的人自然萬事皆茫然，反之，眼盲的人若能心靜澄明，懂得提著燈籠爲他人照路等於爲自己照明的道理，無疑比明眼人更加神采飛揚。

別再相信燈火輝煌、雙眼明亮就能毫無遺漏地看清楚一切，因爲這些自以爲是的偏執，只會讓自己漏掉難得的機會，也讓自己踏錯前進的道路。

回顧這個耳熟能詳的故事，我們是否學會了「想照亮自己，不妨先學會照亮別人」的道理，也清楚地了解「想讓自己輕快地朝向前方走去，便要先澄淨自己的心境」的生活訣竅？

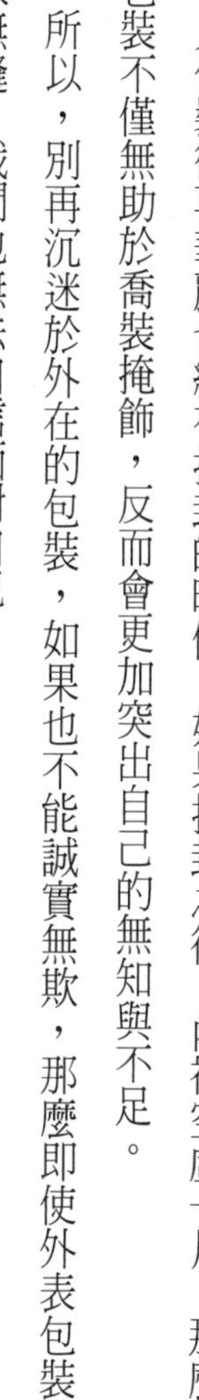

華而不實只會讓自己迷失

一味地沉迷於華麗的外衣與風光的虛名，不只會讓人忘了充實自己，還會因而迷失，令自己置身危險之中。

人包裝得再華麗也總有拆封的時候，如果拆封之後，內裡空虛一片，那麼精美包裝不僅無助於喬裝掩飾，反而會更加突出自己的無知與不足。

所以，別再沉迷於外在的包裝，如果也不能誠實無欺，那麼即使外表包裝得天衣無縫，我們也無法自信面對自己。

叢林裡，有一隻小鹿跟在媽媽的身後，母子倆正準備到水塘邊喝水。

小鹿從水中看見了自己的影子，忽然發現：「哇，沒想到我的鹿角這樣美麗，就像似兩株蓬勃生長的小樹，在我的頭頂挺立，眞是太美了！」

小鹿對頭上這對鹿角十分滿意，爲了讓它們更加突出，打算將這對鹿角裝扮得比仙女的皇冠還要漂亮。

但是，小鹿看見自己的四隻腳時，反應卻是：「鹿角這樣美麗，可是我這四隻腳卻長得這麼普通，粗粗壯壯的，實在太難看了！就像一點光澤也沒有的四根木棍，眞丟人！」

小鹿爲了頭與腳的不相稱感到痛苦，忍不住向媽媽抱怨著：「媽媽，能不能將我這四條腳去掉啊？我只想保留住頭頂上的美麗鹿角就好。」

媽媽吃驚地看著孩子，語重心長說道：「傻孩子，你怎麼會這麼想呢？你的四肢雖然不漂亮，但是它們卻是唯一可以帶著你到世界各地去的好伙伴啊！最重要的是，只有它們才能幫助你擺脫敵人的追擊！」

但是，任性的小鹿卻搖著頭說：「不會的，媽媽，只要我好好呵護頭上的美

麗鹿角，任誰看見了它們都會喜歡，自然就沒有人會捨得傷害我。」

媽媽搖著頭說：「孩子，你錯了，正因爲你頭上有這麼美麗的角，會讓你隨時身陷危險，它們只會爲你帶來致命的傷害，不會爲你帶來幸運。」

小鹿還是不大認同媽媽的答案，直到有一天，一位獵人發現了牠的蹤影。

遠遠地，獵人便發現這對美麗的鹿角，立即用弓箭射擊，所幸沒有擊中小鹿，讓牠有機會逃跑。四隻腳帶著牠越過了草地、小河，並穿過了叢林，眼看就要擺脫獵人了。

只可惜，牠頭上的美麗雙角竟被雜藤纏住，無論怎麼甩、怎麼掙扎都沒有用，不久獵人便追到了小鹿。

當鹿角被藤蔓纏住時，小鹿大概領悟到媽媽所說的道理吧！

美麗的鹿角當然迷人，只是那樣招搖地展現頂上風光，固然吸引了衆多羨慕眼光，滿足了自己的虛榮心，但與此同時，自然也引起敵手的關注，甚至引來人

們的覬覦。

動物世界如此，這眞實的社會中不也是這樣？

從許多名人的身上我們不難發現，越是志得意滿的人越容易跌倒，對照著他們風光與潦倒的模樣，除了幾聲感嘆世事難料外，我們不也會忍不住批評一聲：「何必當初？」

人生沒有什麼好得意的，也沒有什麼好頹然的，得意之時更應該專注於充實能力，創造另一番功業。要是一味地沉迷於華麗的外衣與風光的虛名，不只會讓人忘了充實自己，還會因而迷失，令自己置身危險之中。

思想大師史賓諾莎曾經寫道：**「一個人被情緒支配，行為便沒有自主權，只會讓自己被命運宰割。」**
確實，人的思緒往往受到負面情緒左右，做出讓自己後悔不已的決定。想成爲優秀的人，首先就要控制自己的情緒，不要讓情緒操控自己。面對難以解決的問題，非但不能受到仇恨、憤怒、嫉妒等情緒影響，相反的，必須學會管好這些只會敗事的負面情緒，千萬不要讓情緒害了自己。

學會放下，才能活在當下

作　　者　千江月
社　　長　陳維都
藝術總監　黃聖文
編輯總監　王　凌
出 版 者　普天出版家族有限公司
新北市汐止區忠二街 6 巷 15 號
TEL / (02) 26435033 (代表號)
FAX / (02) 26486465
E-mail：asia.books@msa.hinet.net
http://www.popu.com.tw/
郵政劃撥 19091443 陳維都帳戶
總 經 銷　旭昇圖書有限公司
新北市中和區中山路二段 352 號 2F
TEL / (02) 22451480 (代表號)
FAX / (02) 22451479
E-mail：s1686688@ms31.hinet.net
法律顧問　西華律師事務所・黃憲男律師
電腦排版　巨新電腦排版有限公司
印製裝訂　久裕印刷事業有限公司
出 版 日　2020 (民 109) 年 10 月第 1 版
ISBN◉978-986-389-741-5　　條碼 9789863897415

國家圖書館出版品預行編目資料

學會放下，才能活在當下／
千江月著.—第 1 版.—：新北市，普天出版
民 109.10 面； 公分. -（生活良品；20）
ISBN◉978-986-389-741-5（平裝）

生活良品

20

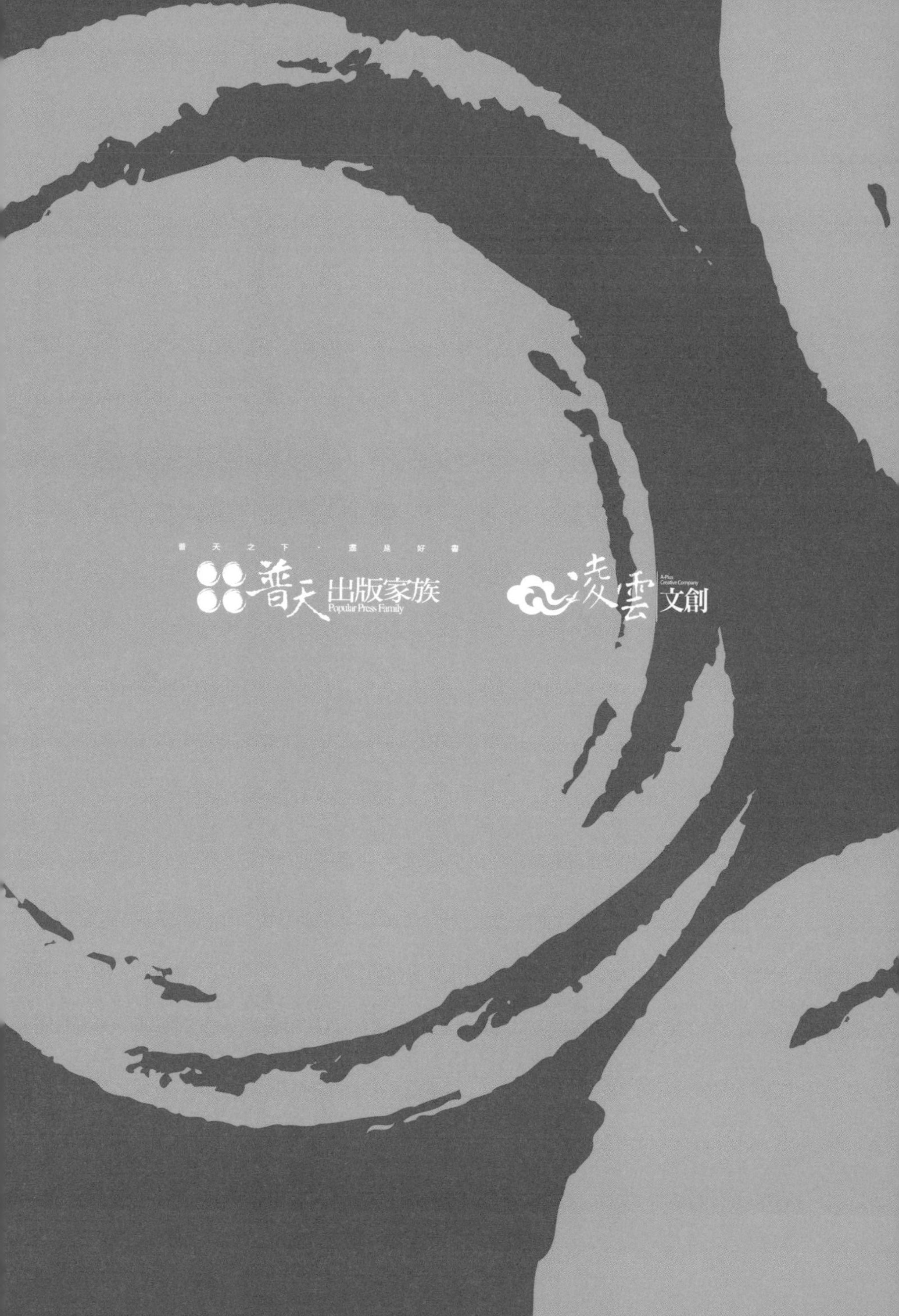

普天之下・盡是好書
普天出版家族
Popular Press Family
凌雲
A-Plus Creative Company
文創